战略动态与绩效
——基于四家 IT 行业上市公司的比较研究

陈德智　韩天舒　陈　泉　著

上海交通大学出版社
SHANGHAI JIAO TONG UNIVERSITY PRESS

内容提要

本书以四家 IT 行业上市公司中兴通讯、苹果公司、诺基亚、阿尔卡特为研究样本,以战略事件发生的月频次为依据,将公司自 1998 年至 2017 年的战略活动构成一个时间序列,采用结构性断点检验的方法将战略活动的事件序列分为若干个战略子阶段,对每一个战略子阶段,使用时间序列分析方法,建立自回归滑动平均模型(ARMA),并对每一阶段拟合模型的残差进行分析,观察四家公司在不同发展阶段呈现出的战略态势。在此基础上,将公司绩效作为结果变量纳入分析之中,讨论战略动态与公司绩效的关系,以回答在哪种战略态势下,企业具有更好的绩效。同时,对公司在不同发展阶段的战略行为进行分析,研究产生某种特定战略态势的深层原因,从而指导企业战略制定,寻找在不同阶段、不同内外部条件下,最有利于企业生存与发展的战略行为,构建了"战略行为—战略动态—公司绩效"的关系。研究发现,公司在稳定性状态下具有明确的战略目标及确定的发展方向,经营范围相对集中,且具有更好的经营绩效、竞争优势与创新绩效。

图书在版编目(C I P)数据

战略动态与绩效 / 陈德智,韩天舒,陈泉著. —上海:上海交通大学出版社,2019

ISBN 978 - 7 - 313 - 22690 - 7

Ⅰ.①战… Ⅱ.①陈…②韩…③陈… Ⅲ.①IT 产业-产业发展-研究 Ⅳ.①F49

中国版本图书馆 CIP 数据核字(2019)第 282027 号

战略动态与绩效
——基于四家 IT 行业上市公司的比较研究
ZHANLÜE DONGTAI YU JIXIAO
——JIYU SIJIA IT HANGYE SHANGSHIGONGSI DE BIJIAO YANJIU

著　　者:陈德智　韩天舒　陈　泉
出版发行:上海交通大学出版社　　　地　　址:上海市番禺路 951 号
邮政编码:200030　　　　　　　　　电　　话:021 - 64071208
印　　刷:上海天地海设计印刷有限公司　经　　销:全国新华书店
开　　本:710mm×1000mm　1/16　　印　　张:7.5
字　　数:109 千字
版　　次:2019 年 12 月第 1 版　　　　印　　次:2019 年 12 月第 1 次印刷
书　　号:ISBN 978 - 7 - 313 - 22690 - 7
定　　价:49.00 元

前　言

战略动态指企业战略随时间推移所发生的动态变化及其演进规律,其表现为企业在不同发展阶段所展现出的不同战略态势。企业战略不是一成不变的,大多数公司会根据市场环境的变化不断地调整自己的企业战略,这个变化的过程就是战略的演进。通常情况下,企业战略演进的过程会受到多种因素的影响,这其中有外部环境的影响,比如社会经济发展趋势、重要的经济社会事件、科学技术的进步等;还有内部的影响,比如公司的组织结构、企业的资源和能力等,这些因素都会作用于企业的战略决策。

Raymond-Alain(2016)首次将战略事件的频次作为定量依据来研究战略动态,他以达能集团为研究对象,以战略事件发生的频次为依据,将公司40年的战略事件构成一个时间序列,通过定量分析,发现达能集团发展各阶段分别存在随机性、自组织性、稳定性等不同的战略态势。Raymond-Alain的研究为公司战略动态提供了全新的视角,但其研究一方面未能将战略态势与公司绩效联系起来,未能指出在哪种态势下公司将可以获得良好的绩效表现;另一方面未能指出影响战略动态的深层次原因,特别是没有研究战略态势与战略行为的关系。

仅仅知道公司的战略态势是什么样子,并没有实质上的参考价值。重要的是,是什么行为造成了战略态势? 战略态势会造成什么样的战略结果? 为了回答这些问题,我们将公司绩效作为结果变量纳入分析之中,讨论战略动态与公司绩效的关系,以回答在哪种战略态势下企业具有更好的绩效;同时,对公司在不同发展阶段的战略行为进行深入分析,研究产生某种特定状态的深层原因,从而指导企业战略的制定,寻找在不同阶段、不同内外部条件下最有利于企业生存与发展的战略行为。

本书以四家 IT 行业上市公司为研究对象,使用定性与定量相结合的混合研究方法,以战略事件发生的月频次为依据,对四家公司 20 年的战略动态进行深入分析,主要分析公司在不同发展阶段下所展现出的不同战略态势,战略态势的类型与特征;战略态势与公司绩效的关系;不同战略态势背后的战略行为特征及影响因素;研究公司战略行为、战略态势与公司绩效的关系,构建"战略行为—战略态势—公司绩效"模型。

本书共有 10 章:第 1 章是绪论,简要介绍了研究背景、研究目的与意义等。第 2 章是文献回顾,对有关战略动态主要文献进行了总结回顾。第 3 章是研究方法,搭建研究分析的框架,明确研究方法、数据来源及数据分析的方法。第 4 章是战略阶段的划分。第 5 章是战略动态分析,分别对四家样本企业进行战略动态分析。第 6 章是战略动态与经营绩效,对四家样本企业各个阶段的公司绩效进行分析。第 7 章是战略动态与竞争优势,对四家样本企业各个阶段的公司竞争优势进行分析。第 8 章是战略动态与创新绩效,对四家样本企业各个阶段的公司创新绩效进行分析。第 9 章是战略行为和战略动态与绩效关系,对研究结果进行深入讨论,对公司战略行为、战略动态与公司绩效的关系进行进一步深入研究,构建"战略行为—战略动态—公司绩效"模型。第 10 章是研究结论与研究贡献,总结了主要研究结论和研究贡献,指出了主要研究局限,并提出后续研究展望。

我们进行这项研究和出版这部专著的目的,就是想回答公司采取什么样的战略行为才有利于公司保持持续竞争优势和经营与创新绩效,期望对公司的战略决策与战略行动具有积极的参考价值。同时,促进战略动态主题的深入研究。

陈德智

2019 年岁末于上海交通大学

目　录

第 1 章 绪 论

本章简明扼要地阐述了这项研究的研究背景,提出了研究问题的目的与意义,介绍了样本特征与研究内容。

1.1 研究背景

战略动态指企业战略随时间推移所发生的动态变化及其演进规律,其表现为企业在不同发展阶段所展现出的不同战略态势(Raymond-Alain,2016)。企业战略不是一成不变的,大多数公司会根据市场环境的变化不断地调整自己的企业战略,这个变化的过程就是战略的演进。企业的战略演进就是企业战略从企业初创时的战略雏形一步步演变到当下战略状态的过程(何莉薇,2014)。通常情况下,企业战略演进的过程会受到多种因素的影响,这其中有外部环境的影响,比如社会经济发展趋势、重要的经济社会事件、科学技术的进步等,还有内部的影响,比如公司的组织结构、企业的资源和能力等,这些因素都会作用于企业的战略决策。

很多学者从不同角度对公司战略动态展开讨论,如 Kim Warren(2002)、M. de Figueiredo(2007)、Filatotchev(2006)等,但战略动态与公司绩效的关系目前尚未受到广泛关注。Raymond-Alain(2016)首次将战略事件的频次作为定量依据来研究战略动态,其以达能集团为研究样本,以战略事件发生的频次为依据,将公司 40 年的战略事件构成一个时间序列,通过对时间序列进行定量分析,发现达能集团发展各阶段分别存在随机性、自组织性、稳定性等不同的战略动态表现。Raymond-Alain 的研究为公司战略动态提供了全新的视角,但其研究一方面未能将战略动态表现与公司绩效联系起来,未能指出在哪种状态下公司将可以获得良好的绩效表现;另一方面未能指出影响战略动态的深层次原因。

我们在 Raymond-Alain 研究的基础之上,根据战略事件的频次对公司战略动态展开研究,将公司绩效作为结果变量纳入分析之中,讨论战略动态与公司绩效的关系,以回答在哪种战略态势下企业具有更好的经营绩效;同时,我们对公司在不同发展阶段的战略行为进行深入分析,研究产生某种特定状态的深层原因,从而指导企业战略的制定,寻找在不同阶段、不同内外部条件下最有利于企业生存与发展的战略行为。

1.2   研究问题

我们以四家 IT 行业上市公司为研究样本,以战略事件发生的月频次为依据,对四家公司 20 年的战略动态进行深入分析,主要分析公司在不同发展阶段下所展现出的不同战略态势,观察公司长期的战略动态。我们通过对四家公司的分析,观察四家公司战略动态的不同特征。

此外,在企业管理中,公司绩效是企业管理所关注的重点与目标,不同企业所展现出的不同类型的战略态势有其背后原因,同时不同战略态势下也会展现出不同的公司绩效。因此我们在对公司进行战略动态分析的基础上,研究公司的战略动态是否依赖于其战略行为,以及战略动态与公司绩效是否具有一定的关系,并通过对战略行为、战略动态与公司绩效的深入分析,研究公司战略动态又是通过何种机制作用于公司绩效的。

综上所述,我们的研究问题包括:

(1) 四家公司的战略动态分别有何特征,分别呈现出哪些不同类型的战略态势;

(2) 公司战略动态与公司绩效的关系;

(3) 公司在不同战略态势下背后的战略行为特征,即战略动态的影响因素。

我们通过对以上问题的研究,分析不同战略行为下所展现出的不同战略态势,及其对公司绩效的影响,从而指导企业战略行为的选择,以获取更好的公司绩效。

1.3　研究意义

1.3.1　实践意义

我们研究的对象为四家 IT 行业上市公司：中兴通讯、苹果公司、诺基亚、阿尔卡特。随着全球经济一体化的进程不断加快以及信息技术的不断进步，IT 企业的生存和发展也已成为全球各国综合实力的缩影。IT 企业引领了人工智能、云计算、大数据等战略性新兴产业的创新与变革，同时也不断颠覆着传统的商业模式并不断改变着人们的生活方式。然而，IT 行业是一个暴露在高风险环境下的产业。近年来，IT 行业虽然整体发展迅速，行业规模不断扩大，技术水平也在不断提升，但是在这一经济全球化的时代，IT 企业面临的市场竞争形势也日趋严峻。尤其是 2018 年以来，随着中美贸易战的加剧，代表着一个国家核心竞争力的 IT 产业也正在面临内外部环境变化等诸多挑战。在变化频繁的市场环境下，没有哪个企业能够通过一成不变的战略来持久获得良好的经营绩效并保持其竞争优势，企业要想谋求长久的生存与发展，其战略一定存在一个长期的动态演进过程。

因此，研究国内外 IT 企业长期战略演进过程，观察其在不同发展阶段所展现出的不同类型的战略动态表现，对于希望能够在不断变化的环境中取得成长的 IT 企业，能够指导企业战略规划的制定及战略行为的选择，来回答在哪种战略动态表现下企业具有更好的公司财务绩效及自我创新能力，能够在不断变化的环境中获取竞争优势。此外，我们的研究样本主要为在 IT 行业某一领域具有领先地位的上市公司，研究这些公司的发展历程对于多数国内 IT 行业企业，尤其是初创企业均有较强的借鉴意义。

1.3.2　理论意义

目前国内外对企业长期战略演进的研究中，基本是从定性分析的角度，缺少对公司战略演进过程的定量研究。而国内外对于战略动态的研究目前仍然较少，对于战略动态与公司绩效的关系国内外仍然没有相关研究。

Raymond-Alain(2016)提出了一种全新的战略动态分析框架来研究企业长期的战略演进。首次将战略事件发生的频次作为定量依据来研究公司的战略动态,但其研究未能将不同类型的战略动态表现与公司绩效对应起来。我们的研究发展了 Raymond-Alain(2016)的战略动态分析方法,一是将公司财务绩效、创新绩效、公司可持续发展能力作为结果变量引入分析框架之中,以回答哪种战略动态表现对公司的长期发展是有利的;二是对公司不同阶段的战略行为进行研究,寻找不同类型的战略动态产生的原因。我们通过对公司战略行为、战略动态、公司绩效的分析,完善了公司战略动态领域的研究,构建了"战略行为—战略动态—公司绩效"的关系。

1.4   研究样本介绍

我们以 IT 行业上市公司为研究样本,具体研究样本的筛选原则为:首先,研究样本为上市时间超过 20 年的上市公司,从而便于从公司公告、年报等数据来源获得其战略事件及公司绩效数据,并保证获得 20 年以上的数据资料;其次,研究样本为在 IT 行业某一领域占据或曾经占据领先地位,其发展历程经历过发展期、辉煌期、低谷期、复苏期,战略事件发生较为频繁,可以为我们的定量研究提供充足的数据资料。基于以上原则,我们选择四家 IT 行业上市公司:中兴通讯、苹果公司、诺基亚、阿尔卡特作为研究样本。

中兴通讯(中兴通讯股份有限公司,英文简称 ZTE)成立于 1985 年,总部位于深圳市,是全球领先的通信解决方案提供商。中兴通讯于 1997 年在深圳证券交易所 A 股上市,2004 年在香港联交所成功实现 H 股上市,为国内通信领域第一家"A+H"上市公司。中心通信主要产品包括 2G/3G/4G/5G 无线基站与核心网、固网接入与承载、光网络、芯片、智能交换机、高端路由器、政企网、大数据、云计算等。

苹果公司(Apple Inc.)由乔布斯、沃兹尼亚克和韦恩等人于 1976 年在美国加利福尼亚州创立,并于 1980 年在纽约纳斯达克交易所公开招股上市。苹果公司创立之初,主要以开发和销售个人电脑,最初名为"苹果电脑公司",2007 年更名为"苹果公司"。历经 40 余年的发展,目前公司业务包括个人计算机、智能手机、音乐播放器、软件、服务等,为消费电子领域的领导者。

诺基亚公司(Nokia Corporation)成立于1865年,总部位于芬兰埃斯波,目前主要业务为移动通信设备。诺基亚最初成立时主要从事伐木、造纸业务,后来业务范围不断扩大,开始从事胶鞋、电缆、轮胎等领域,后剥离其他业务后发展成为一家手机制造商。2013年9月3日,诺基亚设备与服务部门以约54.4亿欧元价格被微软宣布收购。

阿尔卡特公司(Alcatel)成立于1898年,总部位于法国巴黎。阿尔卡特主要从事通信网络及设备业务,业务范围包括主干网络及用户终端等,在业内处于龙头地位。2006年1月,阿尔卡特与朗讯(Luncent)合并,成立新的阿尔卡特—朗讯公司,合并后的新公司成为全球第二大电信设备制造企业。2016年初,阿尔卡特—朗讯公司以156亿欧元的价格被诺基亚完成收购。

以上四家样本企业均可在公司公告、年报、新闻等公开资料中获得其战略事件,数据来源较广,且均可获得20年以上的数据资料;此外,四家企业的发展历程均可呈现出明显的阶段性特征,便于对公司各个阶段的战略行为进行定性研究。因此,我们选择中兴通讯、苹果公司、诺基亚、阿尔卡特作为研究样本。

1.5 研究内容

我们首先基于Raymond-Alain(2016)提出的战略动态分析模型,对中兴通讯、苹果公司、诺基亚、阿尔卡特四家公司进行战略动态分析,观察四家公司在不同阶段展现出的不同战略动态表现。然后,我们对四家公司各阶段公司绩效进行分析,分别讨论各个阶段公司的经营绩效、竞争优势、创新绩效,以寻找在哪种战略动态下公司会得到更好的公司绩效。此外,我们对公司各个阶段的战略行为进行深入研究,寻找产生某种战略动态的深层原因。我们通过对公司战略行为、战略动态、公司绩效的分析,观察所研究四家样本企业的共性,构建"战略行为—战略动态—公司绩效"模型。

1.6　研究方法

我们采用混合研究的方法,使用定性研究与定量研究相结合的方式,研究公司战略行为、战略动态与公司绩效的关系。

定量分析部分:我们选取了中兴通讯、苹果公司、诺基亚、阿尔卡特 20 年来(1998—2017 年)战略事件数据,以战略事件发生的频次为依据构成时间序列,通过时间序列分析的方法分析四家 IT 行业上市公司 20 年间战略动态变化,观察四家样本企业不同发展阶段所呈现出的不同动态表现。

定性分析部分:首先,我们对四家样本企业各阶段公司绩效进行研究,分别讨论各个阶段公司的经营绩效、竞争优势、创新绩效,以寻找在哪种战略动态下公司会得到更好的公司绩效。此外,我们对公司各个阶段的战略行为进行深入研究,寻找产生某种战略动态的深层原因。

第 2 章　文献回顾

本章首先对企业战略进行了相关文献梳理，介绍了战略的概念及其构成要素、战略的分析层面、战略的分类，然后分别从定性研究、定量研究的角度，对国内外企业战略动态的研究现状进行了整理，并对系统分析方法应用到战略动态研究的现状进行了说明。本章最后从经营绩效、竞争优势、创新绩效三个角度对公司绩效相关文献进行了综述，并结合前人的研究对公司绩效进行了概念界定。

2.1　公司战略

战略(strategy)的概念历史悠久。在西方，"strategy"最初源于希腊语"strategos"，意为军事将领、地方行政长官。后来渐渐演变成军事术语，指军事将领领导军队进行作战的谋略，用一个高层次的、长期的计划实现既定目标。在中国，"战略"一词同样历史久远，"战"指战争，"略"指"谋略"。近年来，随着社会和经济活动的发展，企业规模日益扩大，企业所处市场环境及其经营条件变得愈发复杂，企业为了生存和进一步发展，开始研究一种可以指导企业适应环境并且能够在长远的时期当中争取自身竞争优势的方法，在这一背景下，企业战略管理应运而生。

美国学者 Chandler 是第一个将"战略"一词与企业管理联系起来的学者。在其 1962 年出版的《战略与结构：美国工商企业成长的若干篇章》(*Strategy and Structure：Chapters in the History of the American Industrial Enterprise*)[2]中，Chandler 指出"战略决定企业长期的基本目标，以及为了贯彻这些目标所应采取的行动方针和资源配置"。该书系统性阐述了企业的环境、战略和结构三者之间的关系,明确提出了"结构应当追随战略"的观点,认为战略的制定应当适应环境的变化,而企业的组织结构也应当随着战略的变化进行调整。20 世纪 70 年代以来,企业战略管理理论主要可分为"计划学派"和"设计学派"两个学派。计划学派的代表人物是被誉为"战略管理鼻祖"的 Ansoff。Ansoff 强调战略管理为一种"计划",其首次提出公司战略及战略管理的概念,指出战略是用来指导一个组织发展过程中的"决策原则和指导方针"[3],并在 1979 年所著《战略管理》(*Strategic Management*)一书中提出了战略管理的一整套模式[4]。设计学派的代表人物为美国学者 Andrews。Andrews 在其 1971 年发表的《公司战略概念》(*The Concept of Corporate Strategy*)中提出,战略是指确定企业目标、目的的一种决策模式,以及所要采取的主要政策和计划,是公司"可以做的事"与"能做到的事"之间的"匹配"。同时,Andrews 将战略管理分为制订和实施两部分,制订部分强调了 SWOT 分析法的作用[5]。20 世纪 80 年代以来,Porter 的竞争战略理论在战略管理领域占据了主导地位。Porter 使用五种力量所形成的五力模型来进行分析,企业通过战略管理对五种力量施加影响,从而获取竞争优势。Porter 在五力分析的基础上,指出有三种战略可以帮助企业获取竞争优势:总成本领先战略、差异化战略和目标聚集战略。总成本领先战略指的是企业采用重视成本控制,实现成本优势带来的低价在市场中赢得竞争优势;差异化战略是指企业着重产品设计的差异,要求企业所提供的产品或服务有显著的区别于其他竞争对手的特征;目标聚集战略指企业专注市场中的某个细分领域,为该细分市场提供独特的产品或服务[6]。20 世纪 90 年代,以 Prahalad 等为代表的能力学派与以 Collis、Montgomery 等为主要代表的资源学派先后出现,并成为占据主导地位的两个主流学派。能力学派强调企业战略的核心是其生产经营过程中的特有能力[7];资源学派强调企业的资源优势可以帮助其转化为竞争优势[8]。21 世纪以来,随着互联网技术的迅猛发展以及经济全球化的推进,战略管理各个学派之间呈现相互融合趋势,战略管理思想也正在日趋完善,出现了战略因素分析更加全面、研究样本细化、更加强调信息技术的作用等趋势。

2.2　战略动态

现有对企业战略的研究中,很多学者从静态、短期的视角对企业战略的制定以及战略转移进行研究,聚焦企业某一次的战略制定或某一段时间的战略转型,但是从动态的、长期的视角,针对企业战略整个演进过程所展开的研究目前所占的比重较小,而这些研究大多属于定性研究的范畴,即通过单案例或多案例研究的方式,分析企业长期的战略演化过程。Jaakko Aspara(2011)以诺基亚为研究样本,分析了诺基亚从 1987 年到 1995 年的战略演进过程,解释了公司层面的战略转移会基于核心业务层的分化,同时突出了无论外界压力如何,企业立足于自身现有能力和竞争力进行有效转型的重要性[9]。黄速建、王钦(2007)深入分析了尖峰集团近 50 年的成长历程,发现了尖峰集团外部环境及内部资源之间的协同演进过程,通过建立战略、能力与文化三维成长模型,说明了战略演进、能力提升和文化构建在企业可持续成长过程中的协同作用关系[10]。胡海波、黄涛(2016)将企业成长过程视为一个有机系统,认为企业战略转型是在受内外部环境的共同作用之下,包括了环境认知、系统控制、资源契合、模式创新 4 个环节的完整体系[11]。也有一些学者选取多个对象来分析它们的战略演进过程,通过横向对比找出共同点与差异所在。李烨、屈甜莉等(2016)分别选取了我国东、中、西部大型煤炭企业开滦集团、萍乡煤矿集团和六枝工矿集团作为研究样本,结合了我国市场化进程的推进,对我国煤炭企业改革开放以来的战略演进过程进行了详细分析[12]。陶勇(2017)对比了联想和华为自成立以来的战略路径,通过分析两家巨头企业战略演进路径的差异对比,得出了联想和华为如今分别做"大"和做"强"的原因。上述这些研究都是建立在定性分析的视角,普遍缺少定量分析的维度[13]。

另有一些学者对战略演进过程中的影响因素展开了研究。这些学者认为,企业战略的演进并非是企业管理层单一作用下的结果,并致力于寻找出驱动企业长期战略转移过程中的根本因素。Mackay、Chia(2013)通过对 Northco 汽车公司的全面分析,说明了战略的演进更多来自组织在面对环境变化时产生的自发性反应,企业战略的演进受到外界环境的变化、机遇、自身战略选择等因素的综合作用[14]。何莉薇(2014)选取杭州四家典型企业进行了深入调研并对它们战略演进过程进行横向和纵向的比较,探索出了企业战略演进过程中的主动动因、被动动因和中间动因,并指出企业能力和资源在企业战略演进的过程中起到了主要作用[15]。李希、郑惠莉(2016)对中国移动三次战略转型进行案例分析,研究其在战略演化过程中所表现出的组织惯性,以及组织惯性在战略演化过程中所产生的负面影响[16]。Kodama、Shibata(2014)深入研究了发那科公司 4 个阶段的战略演进过程,通过对每一个阶段战略创新能力的分析,说明了战略创新能力是战略转型过程中的重要驱动因素[17]。厉伟(2010)从企业演化的角度出发,结合遗传和变异理论,构建了企业战略演化过程中的三要素模型:企业现有战略、环境变化、高管团队[18]。Toma P D.(2012)对意大利家族企业 RCF 进行历史案例研究,分析了公司治理的有效性与公司战略动态的关系[19]。M. de Figueiredo 等(2007)建立了优势企业和边缘企业在细分行业中的战略动态变化过程,并以激光打印机行业为例进行实证分析[20]。Filatotchev 等(2006)构建了公司战略动态与公司治理体系的理论框架,说明公司战略往往伴随着公司治理生命周期而变化[21]。R. Menon(2017)建立了同一行业中领导者与追随者竞争互动博弈模型,说明了战略转移成本在战略转型过程中起到了决定作用[22]。

　　近年来,随着战略管理理论的发展,许多学者开始研究动态能力在战略管理中的作用,Teece(1994)最先提出了动态能力理论,将其定义为"企业保持或改变其作为竞争优势基础能力的能力",动态能力可以使企业在给定的路径依赖和市场位势条件下,不断地获得新竞争优势[23]。许多学者(包括Wilden,Gudergan 等(2013)[24]、Monferrer(2015)[25]、Hang 等(2016)[26])都研究了动态能力对企业经营绩效的影响,认为动态能力的获得与提升对企业价值创造具有显著的正向作用。

　　在近年来一些对战略管理的研究当中,企业战略活动往往被视为非线性的动力系统,采用复杂系统的视角来分析战略演进的过程,这种对复杂系统的分析方法属于量化分析的范畴,常常借助仿真、统计学分析和数学模型等得以实现。复杂系统理论同时研究了多个变量互相作用的关系和动力作用方式(时间关系函数)。在这一领域中较为突出的是 Kim Warren 提出的战略动力学(Strategy dynamics)模型,其解释了企业现有绩效的形成路径,并在企业所保有的资源和能力的基础上,制定战略提升企业未来绩效。战略动力学模型解释了企业绩效与资源、决策及其他外因的动态关系,具有较为广泛的适用性[27]。另外,自组织理论和复杂自适应系统理论也被广泛应用于战略演进的研究中。Davis(2009)认为,系统向哪个方向演进取决于实体之间的连接关系。根据这种观点,战略演进应该是战略活动之间的一种互相作用的函数,战略活动由管理者决定,互相作用函数的表现可能为随机性、目的性,或者是二者之间的一种均衡[28]。丁绒(2013)运用复杂适应系统理论及多 Agent 建模仿真方法、演化博弈理论及方法等,构建了战略联盟企业间合作的理论方法分析框架[29]。Thietart,Raymond-Alain(2016)首次将战略事件发生的频次构建模型来研究公司的战略动态演进过程,将达能集团 42 年来的发展用统计方法分为 5 个阶段,研究发现达能集团发展各阶段分别存在随机性、自组织性、稳定性等不同的战略态势。将系统分析方法运用到战略管理的研究,使得对公司战略的研究更具统计学意义。

近年来企业战略动态研究的兴起丰富了企业战略管理理论,并具备较强的现实意义。纵观国内外学者对企业战略动态的研究,可发现目前企业战略动态研究领域的研究方法目前主要包括了案例研究方法或者系统分析方法,但并没有学者将战略动态与公司绩效联系起来,即对于公司战略动态演进过程中公司绩效的变化目前尚未受到广泛关注。我们对战略动态的研究主要基于 Thietart,Raymond-Alain(2016)所构建的战略动态分析模型,将结果变量(财务绩效、创新绩效)纳入分析之中,以探究哪种战略态势下公司具有更好的经营绩效与创新绩效。

2.3　公司绩效

"绩效"的含义较为广泛。在通常意义上,公司绩效综合反映了一家公司的经营成果。企业绩效评价的研究起源较早,目前发展也已比较完善。

根据评价的方法、内容等方面的不同可以划分为三个阶段：第一阶段是成本评价阶段，成本评价兴起于 19 世纪初，采用的评价指标主要是成本；第二阶段是财务评价阶段，财务评价法于 20 世纪初取代了成本评价，成为评价公司绩效的主流方式，主要包括杜邦分析法、EVA 理论等。20 世纪八九十年代以来，企业绩效评价在单一的财务评价的基础上，进入了全面评价阶段，评价的方法、内容都更加丰富。全面评价以财务评价为主，并且兼顾了企业战略选择等方面的内容。全面评价法包含的评价指标体系繁多，其中平衡记分卡和关键绩效指标（KPI）评价法得到了企业和学者的广泛运用。因为全面评价法在评价企业财务状况的基础上，还兼顾了企业战略选择等方面的内容，可以较为完整地对公司绩效进行反映，因而我们对公司绩效的研究以全面评价方法为基础，并主要从经营绩效、竞争优势、创新绩效三个方面展开。

2.3.1　企业经营绩效

市场经济的发展，使得企业追求利润的发展目标更加明确。20 世纪以来，国内外学者主要通过财务比率分析来对企业经营绩效进行评价。20 世纪初，杜邦公司构建了一系列企业经营和预算指标，并创造了杜邦分析法。杜邦分析法通过衡量企业几种主要的财务比率（权益净利率、资产净利率、权益乘数）之间的关系来反映企业的财务状况，成为对企业经营绩效进行评价的重要依据，推动了企业经营绩效评价的发展[30]。Melnnes（1971）对 30 家美国跨国企业进行实证研究，发现投资报酬率是衡量企业经营绩效的有效指标[31]。20 世纪 80 年代，美国管理会计委员会发布"计量企业业绩说明书"，使用每股盈利、投资报酬率等八项指标来衡量企业经营绩效。1991 年，美国咨询公司 Stern Stewart 提出了 EVA 理论，EVA 理论在利润的基础上，将创造利润的全部资金成本纳入经营绩效评价体系中，即只有当企业的利润高于获得利润的资金成本时才可以为企业创造价值。EVA 理论有助于企业资源配置效率的提高，还注重企业盈利的可持续性，避免了企业因为过度追求利润而忽视长远发展。1997 年，Bacidore 提出了修正的经济增加值指标[32]。

　　综合学界对公司经营绩效评价指标体系的研究,可发现衡量公司经营绩效时"利润"为最核心要素,从利润为出发点,常用的衡量公司经营绩效的指标包括净资产收益率、销售利润率、每股收益等。

2.3.2　企业竞争优势

　　战略管理的核心是获取并维持企业的竞争优势(Ambrosini,Bowman,2009)[33]。竞争优势是企业相对于竞争对手而言,能够更迅速地对市场变化做出反应,并在生产效能、产品质量以及新产品研发创新速度等方面具备高于同行业其他竞争对手的特质[34](马鸿佳等,2015)。IT 行业是处于高市场风险环境下的行业,公司往往面临行业环境的飞速变化和激烈的市场竞争,因此我们将公司竞争优势作为一个重要因变量进行研究,分析公司在何种战略态势下,可获得相对于竞争对手而言的比较优势。

　　竞争优势的概念最早由英国经济学家 Chamberlain(1939)提出,Hofer 和 Schendel(1978)最早在企业战略管理领域应用到竞争优势这一概念[35]。他们认为,一个组织的竞争优势使其通过对资源的调配而取得的较之其他竞争对手而言的独特市场位势。此后,20 世纪 80 年代,Porter 开始对企业竞争优势进行系统性研究,并对竞争优势的衡量指标进行了系统性界定。Porter 结合了其竞争战略的思想,将竞争优势分为低成本优势和差异化优势。Porter 通过构建"价值链模型",说明了竞争优势来源于企业价值链(包括设计、生产、营销、交货等核心过程及其辅助过程)所进行的一系列活动,每一种活动都有助于企业降低成本,并且为企业实现差异化提供基础。Porter 进一步指出,低成本竞争优势主要来自规模效益、学习曲线、产能利用率等因素的驱动;差异化优势的主要来源包括人力资源、技术开发等[36]。Peteraf(1993)认为,竞争优势为相对于其竞争对手而言,公司能够更大程度上满足市场日益多样化的需求[37]。王晓娟(2006)将竞争优势的度量指标分为企业绩效、创新绩效、顾客满意度三个维度,其中企业绩效用 ROE、ROA、ROI 三大比率测度;创新绩效用新产品销售比例,创新产品成功率测度;客户满意度用产品返修率来测度[38]。麦影(2010)用声誉、人才、创新能力及危机处理能力四个维度来衡量企业的竞争优势[39]。董保宝等(2011)从比较优势的角度,将竞争优势进一步细分为以下指标:能够降低提供产品或服务的成本;能够为客户提供功能更丰富、性能更优的产品;能够提高执行操作流程的效率;能够适应快速、多变的市场环境,并对市场变化迅速做出反应;能够更加重视客户的需求;能够实现市场份额较快速增长[38]。陈占夺等(2013)结合了 Porter 的竞争优势理论以及董洁宝等对竞争优势衡量指标的界定,将产品性能、产品质量、产品成本、生产效率、市场占有率和新产品六大指标作为企业竞争优势的衡量指标。其中,产品性能、产品质量和新产品开发三个指标符合 Porter 差异化优势的定义;产品成本、生产效率和市场占有率三个指标能够为企业带来低成本优势,符合 Porter 低成本优势的定义[39]。马鸿佳等(2014)综合陈占夺等人的观点,将公司竞争优势分为效率、功能及持续性三个维度进行衡量[40]。Schilke(2014)将竞争优势的衡量指标分为两大维度:战略绩效、财务绩效,战略绩效包括拥有比竞争对手更多的战略优势、拥有比竞争对手更高的市场份额;财务绩效包括税前利润率、投资回报率(ROI)、销售利润率(ROS)等[41]。Liu 等(2018)使用独特的用户体验、更高的产品质量、产品与其他同类产品更先进三大指标来衡量竞争优势[44]。

从已有的有关竞争优势的研究中,可以总结为:竞争优势企业在公平竞争的市场环境下,企业能够以更低的成本为消费者带来更有价值的产品或服务,能够在行业内超越其竞争对手,并获得超额利润的能力。

2.3.3　企业创新绩效

企业创新的概念最早源自美国经济学家 Schumpeter1911 年所著的《经济发展理论》一书,其认为创新为企业对生产要素进行重新组合的一种活动,此后不同学者从多种角度对企业创新进行了研究[42]。企业创新绩效是对企业从事研发创新活动所产生的效果的评价。目前对于创新绩效学界暂无统一的定义,一些学者根据创新活动的产出进行定义,如 Tierney 等(2002)认为创新绩效指产品生产或服务过程中所产生的创造性、实用的产出[43]。也有一些学者遵循过程导向原则,认为创新绩效指把创新想法(如发明、技术创新)落实到最终产品并且投入市场的过程[44]。

　　现阶段对企业创新绩效的研究,大多基于创新活动的产出对企业创新绩效进行衡量,并多以专利数量作为企业创新绩效的衡量指标,如 Tsai(2001)[45]、温军等(2012)[46]、王素莲等(2018)[47]。使用专利度量企业创新绩效有一定的优势:专利数据包含了大量的与研发创新有关的技术、发明及其发明者的详细信息,可以反映出研发创新活动的知识创造功能,且专利数据比较容易获取,可以方便地进行相关统计。然而,使用专利作为创新绩效的衡量指标也存在一定的局限性。白俊红(2015)指出,专利只能反映研发创新成果的数量,无法反映出其质量的好坏,且对市场及商业化水平的反映存在明显的不足[48]。除了使用专利数量进行衡量外,一些学者用新产品开发情况来衡量企业创新绩效,克服了单一使用专利指标的不足,可以很好地反映企业创新成果的应用情况以及市场化水平。朱有为等(2006)[49]、Pellegrino 等(2012)[50]使用新产品销售收入对创新绩效进行测量。王晓娟(2006)用本企业新产品的销售比例水平、创新产品成功率来作为创新绩效的测量指标[38]。付敬(2014)用企业新产品项目数量及新产品销售收入两个指标来衡量企业创新绩效,研究企业知识吸收能力对创新绩效的影响[51]。高辉(2017)使用新产品开发的速度、成功率、销售额占总销售额的比重等指标对创新绩效进行测量[55]。此外,也有学者结合了创新活动的产出及创新活动的过程两个角度对企业创新绩效进行衡量,这种对创新绩效的衡量方式具有多样化的特点。如 Wang(2004)使用了行为、产品、过程、市场和战略创新五个维度进行创新绩效衡量[52];郭爱芳(2010)对创新绩效的测量包括了新产品开发速度、创新项目成功率、新颖程度等[53]。

　　除了以上较为直接的指标外,越来越多的学者开始通过测算研发创新的效率来反映创新的绩效水平。效率是一个相对指标,为创新活动的产出与投入之比。该比值越高,说明公司能用较少的投入换来较大的产出,研发创新活动的效率越高,创新绩效越好。张海洋等(2011)使用了方向性距离函数构建了新产品技术效率分析框架[57]。易靖韬(2015)控制了企业的研发投入,使用专利作为研发投入产出指标来衡量企业的创新绩效。与专利、新产品开发等直接指标相比,研发创新的效率更能反映企业创新的能力,因而是衡量企业创新绩效的较好指标[58]。

第 3 章　研究方法

本章详细介绍了研究方法,包括样本与数据收集、战略事件编码、战略动态分析、公司绩效分析、公司战略行为分析、模型构建等步骤。首先对战略事件数据筛选的原则、数据来源及分类方法进行说明,并说明了公司绩效所采用的指标及数据来源。然后,给出数据编码的方式及战略动态分析的方法,包括数据编码方式、断点检测方法、战略动态模型简介、模型残差白噪声检验及有色噪声检验方法等。最后,对公司绩效分析及公司战略行为分析方法进行了介绍。

我们选取了中兴通讯、苹果公司、诺基亚、阿尔卡特 20 年来的战略事件数据,以战略事件发生的频次为依据构成时间序列,通过定量、定性研究相结合的方法分析四家 IT 行业上市公司 20 年间战略动态变化,并对四家公司的公司绩效(经营绩效、竞争优势、创新绩效)进行深入讨论,从而分析战略动态与公司绩效的关系。我们采用混合研究方法,包括了定量分析和定性分析两部分。其中对四家公司战略动态的研究以战略事件发生的频次为定量依据,属于定量分析部分;对四家公司经营绩效、竞争优势、创新绩效的分析包含了定量指标与定性指标。

3.1　样本与数据

3.1.1　战略事件数据筛选

我们选择中兴通讯、苹果公司、诺基亚、阿尔卡特四家 IT 行业上市公司作为研究样本,收集了公司 20 年间所发生的所有战略事件。其中,苹果公司、诺基亚战略事件数据时间区间为 1998—2017 年;中兴通讯于 1997 年 A

股上市,由于其官网仅可查询 1999 年以后的年度报告,故中兴通讯战略事件数据时间区间为 1999—2017 年;阿尔卡特—朗讯于 2016 年年初被诺基亚完成收购,故阿尔卡特战略事件时间区间为 1998 年 1 月—2016 年 2 月。

我们对这四家 IT 行业上市公司进行研究,一方面因为四家公司均为 IT 行业相关领域(包括移动通信网络及设备、手机设备终端、个人电脑、运营商网络等)龙头企业,四家公司均曾经在某一特定领域占据领导者地位;另一方面,四家公司上市时间均超过 20 年,其战略事件都会通过官方公告等形式进行披露,因而可以很方便地通过公开资料收集数据。四家公司 20 年间战略事件均较为频繁,可以为定量分析提供充足的资料。

为了保证数据的完整性,主要从以下数据来源来收集战略事件:

(1)维基百科。

(2)Osiris-全球上市公司分析库(http://osiris.bvdinfo.com)。

(3)同花顺 iFind 金融数据终端。

(4)四家上市公司官网新闻。

(5)四家上市公司定期报告及公司公告。

(6)四家上市公司相关书籍资料。

由于对于同一个事件涉及的新闻、公告等有很多,我们只筛选了在公共媒体首次出现且在公司历史上首次出现的战略事件,并以月为单位进行统计。筛选后按照以下六种类型进行分类:

(1)并购。这类事件主要指上市公司收购其他公司的股份(资产、业务)。如“中兴通讯与第三方签订股权转让协议,收购其持有的西安中兴 36% 的股权(2015 年 11 月)”。

(2)业务重组。这类事件主要指上市公司出售/剥离自身的股份(资产、业务)。如“中兴通讯及中兴香港拟向基宇投资出售公司直接和间接持有的中兴力维合计 81% 股权(2012 年 12 月)”。

(3)合作结盟。这类事件主要指上市公司和其他公司成立合资公司,或结成产业联盟,联合进行开发业务。如“中兴通讯与新疆广电网络股份有限公司签署合作协议以成立联合创新实验室(2016 年 7 月)”。

(4)产业投资。这类事件主要指上市公司对自身业务增加投资。如“中兴通讯与长沙高新技术产业开发区管理委员会签订《项目投资合同》,拟在长沙高新技术产业开发区投资建设'中兴通讯长沙基地项目',投资总额预计 40 亿元人民币(2015 年 12 月)"。

(5)组织重组。这类事件主要指上市公司规划某类业务,将某些业务进行转移,对某些部门进行合并,或者宣布高层管理层(CEO、CFO,或者事业部负责人)的任命或辞职。如"中兴通讯在深圳召开的第五届董事会第一次会议选举侯为贵为公司第五届董事会董事长,聘任史立荣为公司总裁(2010 年 3 月)"。

(6)财务策略。这类事件主要指上市公司基于财务考虑进行一系列行动,主要发行股票/债券,回购股票/债券,或者对其他公司(非控股股东)进行投资。如"中兴通讯发行中期票据,发行金额为 15 亿元人民币,票面利率为 4.49%(2015 年 11 月)"。

3.1.2　公司经营绩效数据

基于第二章的相关讨论,我们选择了归母净利润、净资产收益率两大指标来分析各个阶段中兴通讯、苹果公司、诺基亚、阿尔卡特在各个阶段的经营绩效,公司经营绩效的分析指标均为定量指标,其中净利润反映了公司盈利水平,净资产收益率反映了公司运用资本的效率。我们所用数据均来自公司公开披露的财务报告。

3.1.3　公司竞争优势数据

基于第二章的相关讨论,我们基于迈克尔·波特的竞争优势理论,并结合董保宝、陈占夺等对竞争优势衡量指标的研究,选择产品性能、产品成本、生产效率、市场份额和新产品开发五个指标来衡量公司在各个阶段的竞争优势。其中,产品成本、生产效率、市场份额为定量分析指标,数据均来自公司公开披露的财务报告。产品成本使用产品成本率、产品毛利率两指标计算;生产效率使用存货周转率和流动资产周转率计算;市场份额直接选取公司年报披露的数据。而产品性能、新产品开发为定性分析指标,分析依据来自公司公开披露的定期报告以及行业市场新闻,基于以上信息对公司的产品性能及新产品开发情况进行综合判断。

3.1.4　公司创新绩效数据

基于第二章对于公司创新绩效已有研究的分析,我们选择综合考虑研发创新活动的投入、产出两个方面来对公司创新绩效进行研究,并用研发创新的效率来反映公司研发活动实现产出、带来利润的能力。采用的指标包括研发投入及占营业收入的比重、经营利润与研发投入的比值、新产品开发的频率与数量。研发投入及占营业收入的比重为投入指标,反映了企业研发创新的投入程度;新产品开发的频率与数量为产出指标,反映了研发创新的结果;经营利润与研发投入的比值为效率指标,反映了研发创新活动的效率。

其中,研发投入(及占营业收入的比重)衡量企业技术创新的投入大小,计算方法为:研发投入占营业收入的比重=研发投入/当年营业收入×100%,研发投入及营业收入均来自公司公开披露的财务报告。

经营利润与研发投入的比值衡量企业通过技术创新实现产出的能力,反映单位研发投入实现产出的水平,同时反映了企业创新活动的效率。考虑到 IT 企业研发周期较长的行业特点,其研发投入一般会有 2~3 年的时间产生收益,因此经营利润这里采用未来三年平均净利润来计算。计算公式为:经营利润与研发投入的比值=(研发当年起未来三年平均净利润/当年研发投入)×100%。净利润及研发投入数据均来自公司公开披露的财务报告。

新产品开发的频率与数量为衡量公司创新绩效的定性指标,主要反映公司在各个阶段研发活动的产出情况。定性指标的分析依据来自公司公开披露的定期报告以及行业市场新闻,以此新产品开发情况进行综合判断。

3.2　战略事件编码

我们采取直接观察的方法,从 3.1 节中的数据来源中,搜集了中兴通讯、苹果公司、诺基亚、阿尔卡特四家 IT 行业上市公司 20 年间的所有战略事件。

战略事件的编码按照月为单位计数,比如一个月发生的战略事件数目为 5,那么这个月的战略事件发生的频次就是 5。对于不同时期、不同类型的战略性事件,我们采用的是等权重的原则,首先因为若给予不同的事件以不同的权重,则会带有较严重的主观色彩;其次是各种战略事件本身具有一定的关联性,即使权重很低的战略事件也可能会导致较为严重的结果,因此,若采用给予不同事件不同权重的方法,会面临主观性较强的问题,存在较大的风险。我们采用以上方法,记录了四家 IT 行业上市公司 20 年间的所有战略事件,并以战略事件发生的频次为依据对四家公司分别进行编码。

3.3   战略动态分析方法

3.3.1   结构性断点检测

对于 3.2 中获得时间序列数据,首先需要分析序列的连续性,来判断是否可以对整个时间序列进行整体分析。对此,本次研究采用结构性断点检测的方法,如果存在结构性断点,表明断点两侧的数据遵从不同的统计规律,序列会表现出不同的统计特征,因此需要对断点两侧的子序列进行单独研究。Bai、Perron 基于大样本理论,提出了进行结构性断点检测的一系列统计量,包括用于判断原序列发生结构性突变的统计量 $SupFT(k)$ 和 $Dmax$,及判断结构性突变的时点和次数的 $SupFT(i+1/i)$ 统计量和相关信息准则(BIC、LWZ)等[60]。我们采用的是最小二乘法 Bai-Perron 突变点检验,通过 Eviews 软件并结合 R 软件中的相关程序包来实现该检测过程,检测过程允许模型有 5 个突变点,并采用 15% 微调参数。突变点将整个战略活动时间序列分解为不同的子阶段,后续研究均在各个子阶段的基础上进行。

3.3.2   各子阶段战略动态模型的构建

我们采用自回归移动平均模型(ARMA)来估计四家公司在不同阶段的战略活动模型。在 ARMA 模型中,目标变量的当前值会受到自身历史观测值的影响,因而 ARMA 模型可以很好地反映战略事件的路径依赖性,即当前战略事件受到过去战略事件的影响。我们选用经典的 AIC 信息准则来选择最优阶数,以获得最大的模型拟合优度。

一元 ARMA 模型是建立在 AR 与 MA 模型的基础之上而形成的。一个 p 阶 AR 过程可以表示为:

$$r_t = \varphi_0 + \varphi_1 r_{t-1} + \varphi_2 r_{t-2} + \cdots + \varphi_p r_{t-p} + a_t \qquad (3-1)$$

上式中,φ_i 为 ARMA 模型的参数,a_t 为随机误差项,p 为模型的阶数。当时间序列有显著的自相关性时,AR 过程可以很清晰地表示这种关系。AR 过程表示序列的条件期望值由其自身 p 个过去值联合决定,是以序列的前 p 个过去值为自变量的一种特殊的多元线性回归模型。

一个 q 阶 MA 过程可以表示为:

$$r_t = c_0 + \theta_1 a_{t-1} + \theta_2 a_{t-2} + \cdots + \theta_p a_{t-p} + a_t \qquad (3-2)$$

上式中,θ_i 为 MA 模型的参数,a_t 为随机误差项,c_0 为均值项,q 为模型的阶数。MA 过程事实上描述了一个白噪声序列的某种线性组合,可以证明一个 MA(q)过程的第一、二阶中心矩都具有非时变性的特征,满足平稳序列的充要条件。将式(3-1)、式(3-2)两模型整合起来,即可得到一个 ARMA(p,q)模型:

$$r_t = \varphi_0 + \sum_{i=1}^{p} \varphi_i r_{t-i} + a_t - \sum_{i=1}^{q} \theta_i a_{t-i} \qquad (3-3)$$

用 B^m 表示滞后 m 阶算子,上述模型可以写成:

$$(1 - \varphi_1 B - \cdots - \varphi_p B^p) r_t = \varphi_0 + (1 - \theta_1 B - \cdots - \theta_q B^q) a_t \qquad (3-4)$$

上式中,模型的 AR 多项式是 $1 - \varphi_1 B - \cdots - \varphi_p B^p$,MA 多项式是 $1 - \theta_1 B - \cdots - \theta_q B^q$。这里两个多项式的零点不能发生对消情况,否则 ARMA 过程的阶会降低。一个 ARMA 模型若其所有根的模小于 1,那么所建立的 ARMA 模型是稳定的。ARMA 过程克服了 AR 过程和 MA 过程在实际使用过程中待估计参数的数量过多的问题,将二者结合起来,充分地描述了数据的动态结构。

使用 ARMA 模型对四家公司各个阶段的战略活动序列进行建模,首先要对时间序列进行平稳性检验,若未通过检验需要对序列进行平稳化处理。整个建模过程还包括模型的识别、参数估计、模型检验等几个程序,这几个程序主要基于 R 语言中相关程序包来完成。

3.3.3　模型残差的经典分布检验、白噪声检验

在建立 ARMA 模型后,下一步的分析为在微观层次上对战略活动序列进行研究。这一阶段首先检验了拟合模型的残差是否符合经典分布规律(如正态分布、指数分布等);其次是进行残差序列的白噪声分布检验,白噪声分布揭示了战略活动的随机性。白噪声(white noise)是指序列功率谱密度在整个频域内服从均匀分布的噪声。我们在对中兴通讯战略活动序列进行 ARMA 建模后,对残差序列进行白噪声检验。对残差序列进行白噪声检验的步骤包括以下几个方面:一是根据残差序列的时序图,观察其是否具有某种明显的趋势,以及序列的前后波动幅度是否大致相同;二是根据残差序列的 ACF、PACF 图像,判断随着时间的推移图像是否收敛至两倍标准差范围。此外可以使用定量方法进行检测,即对残差序列进行 Ljung-Box 检验,其原假设为原数据具备独立性,即总体的相关系数为 0,能观察到的某些相关数据仅仅产生于随机抽样的误差。当 Ljung-Box 检验的 p 值大于 0.95 时,可以确定原时间序列服从白噪声分布。

3.3.4　模型残差的有色噪声检验

当战略活动模型的残差不服从白噪声分布时,需要对其进行有色噪声检验,来反映这一阶段企业自组织状态的强弱程度。自组织是指一个混沌系统在随机识别时形成耗散结构的过程。对于一个复杂系统而言,其自组织功能愈强,其保持原有能力和产生新功能的能力也就愈强。当残差序列服从有色噪声分布时,可以认为系统存在一定的自组织性。我们主要使用 Power-law 幂律分布检验(借助 R 软件相关函数完成)对残差序列进行有色噪声检验,根据所得幂律分布拟合系数判断残差序列服从哪种有色噪声分布。

Power-law 是描述两个变量之间呈现指数增长关系的一种模型,曲线表现为"长尾"(通常所说"二八法则"即为 Power-law 的一种表现形式)。在服从 Power-law 分布的噪声当中,又可被分为粉红噪声、棕色噪声、黑色噪声。我们采用了 Clauset 等的幂律检验方法[61],使用 R 软件对四个公司战略活动模型的残差进行幂律检验作为有色噪声检测的结果。

当拟合指数大于 2 时,说明残差序列服从黑色噪声分布,战略活动具有强烈的自组织性;拟合指数小于 2 时,说明残差序列服从粉色噪声分布,战略活动具有比较弱的自组织性;拟合指数等于 2 时,说明残差序列服从棕色噪声分布,战略活动的自组织程度介于粉色噪声和黑色噪声之间。

3.4　公司绩效分析

得到公司各个阶段的战略态势后,我们将中兴通讯、苹果公司、诺基亚、阿尔卡特各阶段的战略状态特征与这一阶段对应的公司绩效进行对比分析。选择经营绩效、竞争优势、创新绩效来反映公司绩效,寻找某一特定的战略态势与公司绩效间的对应规律。

3.5　公司战略行为分析

在对四家公司进行战略动态分析,并对比各阶段公司绩效后,另外一项重要的研究内容为对各阶段公司的战略行为进行研究,探究公司出现稳定性、随机性、自组织性的战略态势时,公司对应的战略行为,从而探究公司呈现出某种特定战略态势时的深层次因素,分析公司战略动态为什么会对公司绩效产生影响,从而为构建"战略行为—战略动态—公司绩效"的关系模型奠定基础。在对公司战略行为进行分析时,主要的分析角度包括战略事件的类型分布、公司战略行为的特点以及公司管理层控制力的强弱等。分析的数据来源主要来自 3.1 节所搜集的公司战略事件数据,以及公司年报、公告及市场新闻等公开资料。

第 4 章　战略阶段的划分

本章采用结构性断点检测的方法，对战略阶段进行划分。如果存在结构性断点，表明断点两侧的数据遵从不同的统计规律，序列会表现出不同的统计特征，因此需要对断点两侧的子序列进行单独研究。我们采用的是最小二乘法 Bai-Perron 突变点检验，通过 Eviews 软件，并结合 R 软件中的相关程序包来实现该检测过程，检测过程允许模型有 5 个突变点，并采用 15% 微调参数。突变点将整个战略活动时间序列分解为不同的战略阶段。

4.1　中兴通讯战略子阶段的划分

按照 3.1.1 节战略事件的筛选原则，我们从各数据来源中筛选了中兴通讯共 376 件战略事件。战略事件按类型分布如表 4-1 所示。

表 4-1　中兴通讯战略事件按类型分布

战略事件类型	总数（件）
并购	16
产业投资	105
合作联盟	156
业务重组	26
组织重组	33
财务策略	40

从中兴通讯的战略活动的类型上来看，合作联盟与产业投资是两种最

重要的活动,占比分别达到 42% 与 28%,这反映了中兴通讯作为一个企业系统对于外部资源的获取与利用能力都很强。对原始时间序列数据的观察可以发现,对于不同的时间段,序列存在明显不同的分布特征。随着时间的推移,战略事件的频次、方差均呈现出增大趋势。基于此我们利用 Eviews 软件对原序列进行了结构性断点检测,检测结果如表 4 - 2 所示(* 代表在0.05的水平下显著)。

表 4 - 2　中兴通讯战略事件序列结构断点检测结果

断点测试	F 统计量	$Scale\ F$ 统计量	临界值
0 vs 1 *	39.98979	39.98979	8.58
1 vs 2 *	17.66907	17.66907	10.13
2 vs 3	3.675927	3.675927	11.14
断点:2005.01,2012.07			

将中兴通讯原始序列分解为 3 个独立的战略子阶段:战略子阶段 $1(S_1)$,1999 年 1 月至 2005 年 1 月;战略子阶段 $2(S_2)$,2005 年 2 月至 2012 年 7 月;战略子阶段 $3(S_3)$,2012 年 8 月至 2017 年 12 月,如图 4 - 1 所示。

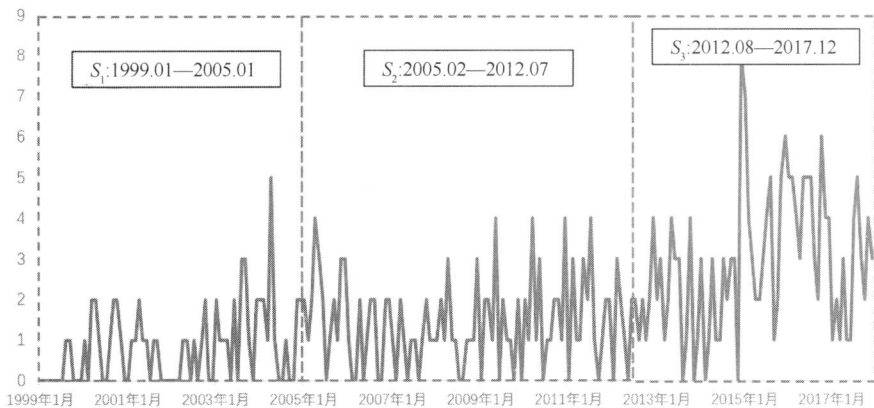

图 4 - 1　中兴通讯战略活动事件分布图

表 4 - 3 给出了各子阶段的描述性统计特征及战略事件分布情况。

表 4 - 3   中兴通讯三阶段统计特征及事件分布

	S_1（1999.01—2005.01）	S_2（2005.02—2012.07）	S_3（2012.08—2017.12）
频率	0.85	1.41	3.17
方差	0.96	1.23	3.18
战略事件分布情况：			
并购	5	5	6
产业投资	27	37	41
合作联盟	21	52	83
业务重组	1	7	18
组织重组	3	12	18
财务策略	5	14	21

分别从每个阶段来看，中兴通讯在三个战略子阶段战略事件的频次和频率都在不断上升。分别对三个战略子阶段的描述性统计特征进行测量，我们发现三个阶段的战略活动正从低频率、低方差向高频率、高方差转移。

4.2   苹果公司战略子阶段的划分

按照 3.1.1 节战略事件的筛选原则，从各数据来源中筛选了苹果公司共 372 件战略事件。战略事件按类型分布如表 4 - 4 所示。

表 4 - 4   苹果公司战略事件按类型分布

战略事件类型	总数（件）
并购	87
产业投资	96
合作联盟	70
业务重组	42
组织重组	36
财务策略	41

　　从苹果公司战略活动的类型上来看,并购、产业投资与合作联盟是苹果公司三种最重要的活动,占比分别达到 23%、26% 和 19%,这反映了苹果公司 20 年来一直以扩张性的战略为主,企业规模呈现出不断增大的态势。

　　利用 Eviews 软件对原序列进行了结构性断点检测,检测结果表明 20 年的事件序列中未发现显著间断点,因而可以将 20 年的事件序列作为一个整体进行分析。因而,苹果公司仅有一个战略阶段: S_1(1998 年 1 月至 2017 年 12 月)。苹果公司 20 年来战略事件分布如图 4-2 所示。

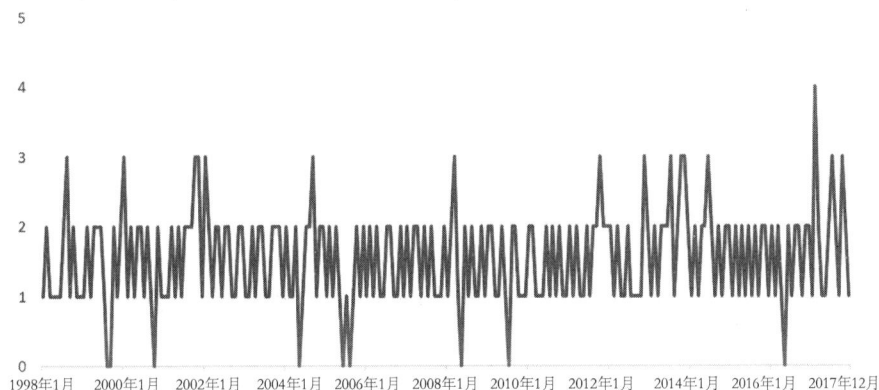

图 4-2　苹果公司战略事件分布图

　　表 4-5 给出了苹果公司战略事件序列的描述性统计特征。

表 4-5　苹果公司战略事件统计特征

	S_1(1998.01—2017.12)
频率	1.55
方差	0.47

　　由此可见,苹果公司 20 年来战略事件序列方差较低,呈现出较为稳定的序列特征。

4.3 诺基亚战略子阶段的划分

按照 3.1.1 节战略事件的筛选原则,我们从各数据来源中筛选了诺基亚 264 件战略事件。战略事件按类型分布如表 4-6 所示。

表 4-6 诺基亚战略事件按类型分布

战略事件类型	总数(件)
并购	43
产业投资	40
合作联盟	68
业务重组	31
组织重组	42
财务策略	40

从诺基亚战略活动的类型上来看,诺基亚 20 年来战略事件按类型分布较为平均,占比最多的为合作联盟类事件,比例达 29%,而诺基亚业务重组、组织重组类事件占比很高,合计达 31%。

对原始时间序列数据的观察可以发现,对于不同的时间段,序列存在明显不同的分布特征。随着时间的推移,战略事件的频率、方差均呈现出增大趋势。基于此,利用 Eviews 软件对原序列进行了结构性断点检测,检测结果如表 4-7 所示。

表 4-7 诺基亚战略事件序列结构断点检测结果

断点测试	F 统计量	$Scale\ F$ 统计量	临界值
0 vs 1*	61.26227	61.26227	7.04
1 vs 2*	9.463836	9.463836	8.51
2 vs 3	0.798446	0.798446	9.41
断点:2009.09,2013.04			

检测结果表明,诺基亚原始战略事件序列存在 2 个显著间断点,基于以上检验结果,将诺基亚原始序列分解为 3 个独立的战略子阶段:战略子阶段 1(S_1),1998 年 1 月至 2009 年 9 月;战略子阶段 2(S_2),2009 年 10 月至 2013 年 4 月;战略子阶段 3(S_3),2013 年 5 月至 2017 年 12 月。如图 4 - 3 所示。

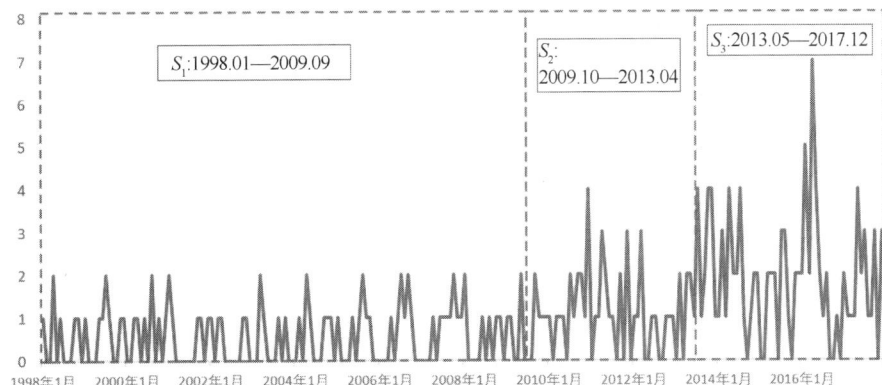

图 4 - 3　诺基亚公司战略活动事件分布图

表 4 - 8 给出了各子阶段的描述性统计特征及战略事件分布情况。

表 4 - 8　诺基亚三阶段统计特征及事件分布

	S_1(1998.01—2009.09)	S_2(2009.10—2013.04)	S_3(2013.05—2017.12)
频率	0.57	0.56	1.91
方差	0.43	0.44	2.15
战略事件分布情况:			
并购	14	10	18
产业投资	21	2	16
合作联盟	28	4	33
业务重组	3	13	14
组织重组	5	14	23
财务策略	5	2	3

分别从每个阶段来看,中兴通讯在三个战略子阶段战略事件的频次和频率都在不断上升。分别对三个战略子阶段的描述性统计特征进行测量,我们发现三个阶段的战略活动正从低频率、低方差向高频率、高方差转移。

4.4 阿尔卡特战略子阶段的划分

按照 3.1.1 节战略事件的筛选原则,从各数据来源中筛选了阿尔卡特公司共 184 件战略事件。战略事件按类型分布如表 4-9 所示。

表 4-9 阿尔卡特通讯战略事件按类型分布

战略事件类型	总数(件)
并购	54
产业投资	10
合作联盟	23
业务重组	51
组织重组	7
财务策略	39

从阿尔卡特战略活动的类型分布上来看,并购、业务重组和财务策略是三种最主要的业务活动,分别占比为 29%、28% 和 21%,这反映了阿尔卡特重视外部资源的获取与资本运作,公司的资源整合及配置能力较强。

对原始时间序列数据的观察可以发现,对于不同的时间段,序列存在明显不同的分布特征。阿尔卡特战略事件频次随着时间的推移呈现减少趋势,且发生频率上呈现出明显的周期性、规律性的趋势。基于此我们利用 Eviews 软件对原序列进行了结构性断点检测,检测结果如表 4-10 所示。

表 4-10 阿尔卡特战略事件序列结构断点检测结果

断点测试	F 统计量	Scale F 统计量	临界值
0 vs 1 *	10.74889	10.74889	8.58

（续表）

断点测试	F 统计量	*Scale F* 统计量	临界值
1 vs 2	6.57743	6.57743	10.13
断点:2005.12			

将阿尔卡特原序列分为 3 个战略子阶段:战略子阶段 $1(S_1)$,1998 年 1 月至 2005 年 12 月;战略子阶段 $2(S_2)$,2006 年 1 月至 2016 年 2 月,如图 4-4 所示。

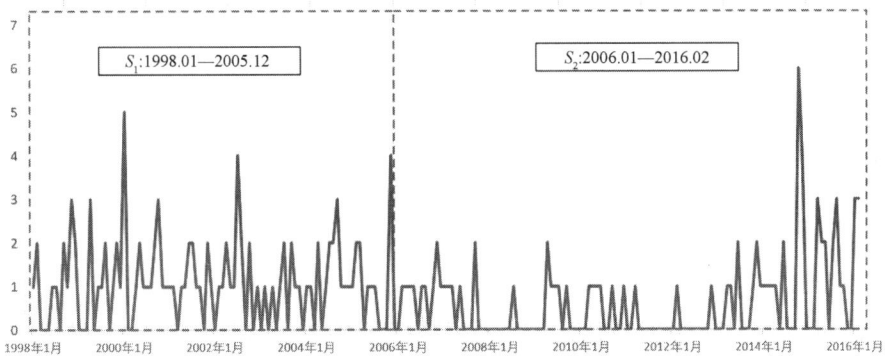

图 4-4　阿尔卡特战略活动事件分布图

表 4-11 给出了各子阶段的描述性统计特征及战略事件分布情况。

表 4-11　阿尔卡特三阶段统计特征及事件分布

	S_1(1998.01—2005.12)	S_2(2006.01—2016.02)
频率	1.14	0.60
方差	1.17	0.98
战略事件分布情况:		
并购	30	22
产业投资	2	8
合作联盟	13	10

（续表）

	S_1（1998.01—2005.12）	S_2（2006.01—2016.02）
业务重组	36	15
组织重组	2	5
财务策略	24	15

　　分别从每个阶段来看,阿尔卡特在三个战略子阶段战略事件的频次和频率都在下降,且第二阶段相对第一阶段呈现出明显的结构性特点。分别对三个战略子阶段的描述性统计特征进行测量,我们发现三个阶段的战略活动正从高频率、高方差向低频率、低方差转移。

第 5 章 战略动态分析

本章对各公司的战略动态进行分析。分析结果显示,中兴通讯和诺基亚都呈现出随机性、稳定性和自组织三种战略态势;阿尔卡特呈现出稳定性和自组织两种战略态势;而苹果公司 20 年来一直是稳定性的战略态势。

5.1　中兴通讯战略动态分析

由 4.1 节的分析可知,中兴通讯战略事件序列可以被划分为三个子序列,首先用 R 软件对三个子序列分别进行单位根检验,结果表明三个子序列均为平稳序列。采用 ARMA 模型来分别对中兴通讯的三个战略活动子序列进行拟合,表 5-1 显示了模型拟合系数。

表 5-1　中兴通讯战略事件序列 ARMA 模型拟合系数

	S_1（1999.01—2005.01）	S_2（2005.02—2012.07）	S_3（2012.08—2017.12）
常数	0.9253	1.3981	2.8332
过去战略活动影响	0	$AR(1)=-0.1643$	$AR(1)=0.4226$, $AR(2)=0.4165$
滑动平均	$MA(1)=0.2096$	0	$MA(1)=-0.0829$, $MA(2)=-0.5502$
区间月份数	73	90	65

分析中兴通讯第一阶段时间序列 ACF、PACF 函数可知,中兴通讯第一阶段的数学模型为 $MA(1)$ 过程,表明当前的战略活动不受过去战略活动的

影响。纵观中兴通讯在这一阶段的战略事件,我们发现这一时期中兴通讯的战略活动呈现出复杂多样性的特点,事件间的相关性较弱,主要包括出资设立公司、成立研究所、收购股权等,产业投资类事件的占比在第一阶段最高,达到 36%(总体为 24%)。21 世纪初是全球 IT 产业的低谷期,在这一大背景下中兴通讯的这种扩张更多的是尝试,试图建立起新的利润增长点。

对于阶段 2,其战略活动模型为 $AR(1)$ 过程,说明当前战略活动受过去 1 期战略活动的影响,但是 $AR(1)$ 的系数较小,说明影响不显著,战略活动模型中体现的路径依赖性并不强烈。第二阶段开启的标志为 2004 年年末中兴通讯在 H 股成功上市,成为国内第一家同时在 A 股和 H 股上市的通信公司。获得巨额融资后,中兴通讯的经营规模相对阶段 1 继续增长,从战略事件上看,这一时期有两个显著的特点:一是更加聚焦运营商业务,二是海外扩张意图明显。

阶段 3 的数学模型显示了中兴通讯战略事件的路径依赖性,$AR(1)$、$AR(2)$ 的系数显著大于 0,说明正在进行的战略活动和之前 1、2 期的战略活动存在正相关的关系。从时间距离上看,中远期战略活动对当前战略活动的决策影响比较明显,这说明战略活动在这一时期呈现出比较明显的规律性,战略活动会更多地考虑到长远的影响,使得不同战略活动之间存在比较强的相关性。例如,中兴通讯 2012 年 8 月以来连续发生业务重组类事件,剥离与主营业务关联度较低的子公司,到 2013 年中兴通讯加大高端手机品牌的建设,大力打造中兴自己的高端品牌,再到 2014 年公司全新"M-ICT"战略(聚焦运营商、政企、终端业务,聚焦新型产品市场孵化战略)的启动,这一系列战略事件表现出了明显的关联性。

对所建立的 ARMA 模型的残差序列进行分析,来全面研究模型中所包含的信息,表 5-2 给出了残差分布检验结果。对于第 1 阶段,战略活动模型残差的白噪声检验的 p 值达到 0.9987,可以认为是非常显著的白噪声状态,说明这一阶段的战略活动规律体现出明显的随机性。根据 Jarque-bera 检验的结果,第二阶段的残差具有显著的正态性,而非随机噪声分布,序列呈现出一定的规律性,而序列呈现出的这种规律性反映了这期间管理层具有很强的控制力,使得战略活动具有明显、稳定的分布特征,从宏观层面看则表现为战略事件具有很强的目的性。第 3 阶段中兴通讯战略活动的频次明显增强,并且残差序列呈现黑色噪声分布体现了显著的自组织性特征。在自组织状态下,中兴通讯战略事件的频率明显增加,且呈现出明显的结构性——多个小型的战略事件后会跟随重大的战略事件。这种自组织的战略态势也符合幂律法则中"小的积累带来大的变化"的规律。

表 5 - 2 中兴通讯战略事件序列 ARMA 模型残差分布检验

	S_1 (1999.01—2005.01)	S_2 (2005.02—2012.07)	S_3 (2012.08—2017.12)
经典概率分布检验:			
正态分布 j-b 检验	$p<0.0001$, 非正态分布	$p=0.1027$, 正态分布	$p=0.0049$, 非正态分布
指数分布 k-s 检验	$p<0.0001$, 非指数分布	$p<0.0001$, 非指数分布	$p<0.0001$, 非指数分布
白噪声检验:			
Ljung-Box 检验 统计量	0.0000	0.0006	0.3840
Q 值	0.9987	0.9376	0.5355
推断行为	白噪声	非白噪声	非白噪声
有色噪声检验:			
Power-Law 幂律拟合指数	—	—	2.5905
推断行为	—	—	黑色噪声分布
残差分布总结	白噪声分布	正态分布	黑色噪声分布

5.2 苹果公司战略动态分析

由 4.2 节分析可知,苹果公司 1998—2017 年战略事件序列遵循相同的统计规律,原序列(共 240 个月)可作为一个整体进行研究。首先用 R 软件进行单位根检验,结果表明原序列均为平稳序列。我们采用 ARMA 模型来对苹果公司 20 年来的战略事件序列进行拟合,表 5-3 显示了模型拟合系数。

表 5-3　苹果公司战略事件序列 ARMA 模型拟合系数

	S_1(1998.01—2017.12)
常数	1.5508
过去战略活动影响	$AR(3)=0.1043$,$AR(5)=0.0836$,$AR(9)=-0.1074$
滑动平均	—
区间月份数	240

使用 R 软件通过观察苹果公司战略事件序列的 ACF、PACF 函数,可发现苹果公司 ACF 在 3 阶、5 阶、9 阶均显著大于 0,9 阶后收敛,而 PACF 图像始终收敛,可见苹果公司 1998—2017 年的战略事件序列可以用 $AR(9)$ 模型进行拟合,$AR(3)$、$AR(5)$、$AR(9)$ 系数均显著大于 0 说明当前战略活动受过去 3 期、5 期、9 期战略活动的影响,但是系数绝对值较小说明当前战略活动受过去的影响程度较小,其战略活动独立性较强。苹果公司 20 年来一直采取稳健的经营策略,其战略事件以其消费电子产业链上的并购、产业投资及合作联盟等扩张性事件为主,公司经营策略未发生显著变化。

对所建立的 ARMA 模型的残差序列进行分析,来全面地研究模型中包含的信息。表 5-4 给出了残差分布检验结果。

表 5-4　苹果公司战略事件序列 ARMA 模型残差分布检验

	S_1(1998.01—2017.12)
经典概率分布检验:	
正态分布 $j\text{-}b$ 检验	$p=0.5099$,无法拒绝原假设
指数分布 $k\text{-}s$ 检验	$p<0.0001$,拒绝原假设,序列不服从指数分布
白噪声检验:	
Ljung-Box 检验统计量	0.0009

（续表）

	S_1（1998.01—2017.12）
p 值	0.9755
推断行为	白噪声
有色噪声检验：	
Power-Law 幂律拟合指数	—
推断行为	—
残差分布总结	正态分布（稳定性）

　　根据 Jarque-bera 检验的结果，$p=0.5099$ 无法拒绝原假设，说明苹果公司战略事件序列的残差具有显著的正态性，白噪声检验的结果表明残差序列为白噪声序列，说明拟合模型的残差为一服从正态分布的白噪声序列，序列呈现出稳定性的特征。序列呈现出稳定性的特征体现出苹果公司 20 年来稳健的经营策略，反映了管理层在 20 年间对公司具有较强的控制能力。苹果公司 20 年来业务范围均集中在消费电子领域，其公司战略选择 20 年来较为确定，并且其业务范围在这一领域范围内不断向各个细分领域、产业链各个环节进行横向及纵向拓展。苹果公司管理层在公司发展历程中扮演着非常重要的角色，尤其是乔布斯时代，其对公司战略布局、经营政策和投资策略的影响深远。苹果公司的稳健经营使得其 20 年来呈现出稳定性的战略态势。

5.3　诺基亚战略动态分析

　　由 4.3 节分析可知，诺基亚 20 年来的战略事件序列可以被划分为三个子序列。首先用 R 软件对三个子序列分别进行单位根检验，结果表明三个子序列均为平稳序列。我们采用 ARMA 模型来对中兴通讯的三个战略活动子序列进行拟合，表 5 - 5 显示了模型拟合系数。

　　根据 ACF、PACF 函数以及 AIC 信息准则，可知诺基亚战略活动第一阶段可用 $ARMA(13,13)$ 过程拟合，其中 $AR(5)$、$AR(7)$、$AR(13)$ 的系数较大，

表 5-5　诺基亚战略事件序列 ARMA 模型拟合系数

	S_1(1998.01—2009.09)	S_2(2009.10—2013.04)	S_3(2013.05—2017.12)
常数	0.5548	0.5581	0.8387
过去战略活动影响	$AR(5)=0.5020$ $AR(7)=-0.3992$ $AR(13)=-0.0031$	—	$AR(8)=-0.3593$ $AR(9)=0.4657$ $AR(10)=-0.4419$
滑动平均	$MA(6)=0.2159$ $MA(7)=0.5449$ $MA(10)=0.2359$ $MA(13)=0.4692$	—	$MA(8)=0.6549$ $MA(10)=0.6702$
区间月份数	141	43	56

说明诺基亚当期战略活动受到前期战略活动的一定影响,MA(6)、MA(7)、MA(10)、MA(13)的系数说明当期战略活动同时受到前期误差项的作用。这一时期诺基亚专注于基于其 Symbian 平台的功能手机市场,其战略事件大多围绕其功能手机业务进行升级与扩张,诺基亚主要在其现有业务基础上稳步前行。

　　诺基亚第二阶段战略事件序列的 ACF、PACF 始终位于两倍标准差范围内,结合 AIC 信息准则可判断这一阶段战略事件序列为带常数项的 ARMA(0,0)过程,AR 与 MA 的系数均为 0,表明当前战略活动未受到过去战略活动及其误差项的影响,说明诺基亚在这一阶段战略事件前后并不具备关联性。诺基亚在这一阶段开始往不同方向进行转型,但没有树立明确的战略重心,战略活动间的独立性较强。

　　第三阶段的数学模型显示出诺基亚在这一时期具有强烈的路径依赖性。AR(8)、AR(9)、AR(10)的系数说明当前进行的战略活动与之前战略活动存在显著的相关关系,而 MA(1)=0.1709 说明当前战略活动受到过去一期误差项的影响。这一时期诺基亚先后剥离手机领域产业链相关子业务,而后将手机业务整体出售给微软,不同的战略活动之间存在明显的相关性。

对所建立的 *ARMA* 模型的残差序列进行分析，来全面地研究模型中包含的信息。表 5－6 给出了残差分布检验结果。

表 5－6　诺基亚战略事件序列 **ARMA** 模型残差分布检验

	S_1 （1998.01—2009.09）	S_2 （2009.10—2013.04）	S_3 （2013.05—2017.12）
经典概率分布检验：			
正态分布 *j-b* 检验	$p=0.2868$， 正态分布	$p=0.0097$， 非正态分布	$p=0.0044$， 非正态分布
指数分布 *k-s* 检验	$p<0.0001$， 非指数分布	$p<0.0001$， 非指数分布	$p<0.0001$， 非指数分布
白噪声检验：			
p 值	0.9970	0.9930	0.3957
推断行为	白噪声	白噪声	非白噪声
有色噪声检验：			
Power-Law 幂律拟合指数	—	—	1.7165
推断行为	—	—	粉色噪声
残差分布总结	服从正态分布的白噪声	白噪声	粉色噪声

第一阶段诺基亚模型残差序列 *j-b* 检验 p 值为 0.2868，无法拒绝原假设，说明诺基亚战略活动模型呈现出稳定的正态分布特征，诺基亚这一时期呈现出稳定性的战略态势。第二阶段诺基亚残差序列 *j-b* 检验及 *k-s* 检验结果均拒绝原假设，说明诺基亚模型残差不服从稳定分布，而 Ljung-Box 检验说明序列呈现出随机的白噪声分布特点，说明诺基亚在这一阶段呈现出随机性的战略态势，公司在这一阶段的战略活动没有明确的方向，而是向各个方向均有探索。第三阶段诺基亚的残差序列不服从稳定分布及白噪声分布假设，而 Power-law 幂律拟合结果说明诺基亚这一阶段模型残差服从粉色噪声分布的特点，诺基亚在这一阶段呈现出自组织的战略态势。在自组织状态下，诺基亚战略事件的频率明显增加，且呈现出明显的结构性——多个

小型的战略事件后会跟随重大的战略事件。

5.4　阿尔卡特战略动态分析

由 4.4 节分析可知,阿尔卡特的战略事件序列可以被划分为两个子序列。首先用 R 软件对两个子序列分别进行单位根检验,结果表明两个子序列均为平稳序列。我们采用 ARMA 模型来对阿尔卡特的三个战略活动子序列进行拟合,表 5 - 7 显示了模型拟合系数。

表 5 - 7　阿尔卡特战略事件序列 ARMA 模型拟合系数

	S_1(1998.01—2005.12)	S_2(2006.01—2016.02)
常数	1.1196	0.6136
过去战略活动影响	0	$AR(4)=0.1296$
滑动平均	$MA(9)=0.0943$	$MA(5)=-0.1913, MA(10)=0.2864$
区间月份数	96	122

阿尔卡特在第一阶段的数学模型为 $MA(9)$ 过程,表示当前战略活动不受过去战略活动的影响,滑动平均项 $MA(9)=0.0943$ 说明公司当前的战略活动受到前面 9 期战略活动误差项的正向扰动。这一阶段阿尔卡特刚成为一家独立的上市公司,业务进入扩张期,战略活动中有大量并购类事件,同时公司将原有的生产业务出售,专注于移动通信网络及设备业务。这一时期阿尔卡特战略活动间的独立性较强,并未呈现出显著的路径依赖性。

阿尔卡特第二阶段的数学模型显示了强烈的路径依赖特征,$AR(4)=0.1296$ 说明当前战略活动和之前的战略活动存在正相关的关系,而从时间距离上看,中远期战略活动对当前战略活动的影响比较明显。阿尔卡特在这一时期出现明显的路径依赖性,主要原因是 2006 年阿尔卡特与法国朗讯完成合并,这对新公司而言是一个磨合的过程,公司将经营范围锁定在移动通信网络及设备市场,企业并非寻找全新的商业机会,使得公司在这一阶段的战略活动存在连续性和比较明确的目的性。滑动平均项 $MA(5)=$

－0.1913，$MA(10)=0.2864$ 说明当前战略活动受到中期、远期战略活动误差项的影响，这一点与第一阶段有显著的不同。

　　对所建立的 ARMA 模型的残差序列进行分析，来全面地研究模型中包含的信息。表 5－8 给出了残差分布检验结果。第一阶段阿尔卡特模型残差序列 $k\text{-}s$ 检验 p 值为 0.9357，无法拒绝原假设，说明诺基亚战略活动模型呈现出稳定的指数分布特征，阿尔卡特这一时期呈现出稳定性的战略态势。这一时期阿尔卡特公司开始作为一个独立的上市公司运营，公司股权结构较为集中，执行效率较高，公司专注于移动通信网络及设备业务，并且处于快速扩张期。此外，第一阶段阿尔卡特致力于强化移动通信网络及设备业务市场份额，提高运营效率，对通信设备产业链上下游公司进行了频繁的并购活动，并出售电缆制造等其他非相关业务给其他公司。这一时期阿尔卡特有明确的战略目标及明确的发展方向，公司管理层控制力较强。第二阶段阿尔卡特残差序列 $j\text{-}b$ 检验及 $k\text{-}s$ 检验结果均拒绝原假设，说明模型残差不服从稳定分布，而 Ljung-Box 检验也拒绝了白噪声假设。Power-law 幂律拟合结果说明阿尔卡特这一阶段模型残差服从黑色噪声分布的特点，阿尔卡特在这一阶段呈现出自组织的战略态势。阿尔卡特在合并朗讯后，公司规模日益庞大，组织结构日趋复杂，合并完成后公司开始进入了漫长的磨合期，但合并后的阿尔卡特—朗讯内部矛盾重重，来自合并双方的股东在诸多方面存在矛盾，使得阿尔卡特在这一阶段的经营开始走下坡路。这一时期阿尔卡特—朗讯的管理层虽然努力腾挪，采取包括出售部分资产和积极的财务策略等措施，但无法扭转阿尔卡特的经营状况，管理层对公司没有明显的控制力。在一系列小型战略活动后，阿尔卡特迎来了这一时期最大的战略事件——被诺基亚收购，也体现了幂律法则中"小的积累带来大的变化"的原则。

表 5-8　阿尔卡特战略事件序列 ARMA 模型残差分布检验

	S_1 （1998.01—2005.12）	S_2 （2006.01—2016.02）
经典概率分布检验：		
正态分布 j-b 检验	$p<0.0001$， 非正态分布	$p<0.0001$， 非正态分布
指数分布 k-s 检验	$p=0.9357$， 指数分布	$p<0.0001$， 非指数分布
白噪声检验：		
p 值	0.8556	0.3930
推断行为	非白噪声	非白噪声
有色噪声检验：		
Power-Law 幂律拟合指数	—	2.1586
推断行为	—	黑色噪声
残差分布总结	正态分布	白噪声分布

第6章 各阶段公司经营绩效分析

在第5章,我们分析了四家公司在1998—2017年间的战略动态。本章将从经营绩效的角度对所选取的四家公司进行研究。归母净利润是衡量公司盈利能力的最直接指标,可以直接反映公司的经营绩效;净资产收益率(ROE)又称股东权益报酬率、权益利润率/净资产利润率,为公司税后利润除以净资产得到的百分比率,该指标反映股东权益的收益水平,用以衡量公司运用自有资本的效率,指标值越高,说明投资带来的收益越高。两指标的计算公式分别为:

归母净利润=企业合并财务报表当期净利润—非全资子公司当期实现的净利润中属于少数股东享有的那部分净利润

净资产收益率(ROE)=公司归母净利润/平均股东权益(平均股东权益=(期初股东权益+期末股东权益)/2)

我们选择了归母净利润、净资产收益率两大指标来分析中兴、苹果、诺基亚、阿尔卡特在各个阶段的经营绩效。归母净利润从"量"的角度衡量公司的经营绩效,反映了公司盈利水平的高低;净资产收益率从"质"的角度衡量公司的经营绩效,反映了公司运用资本创造利润的能力,这两个指标分别是对公司的盈利水平与经营效率的很好的概括。我们所用数据均来自公司公开披露的财务报告(由于中兴通讯2016年出现巨额非经常性亏损,我们统一选择扣除非经常性损益的归母净利润作为研究指标。四家公司采用数据均采用合并财务报表数据)。

6.1   中兴通讯各阶段经营绩效分析

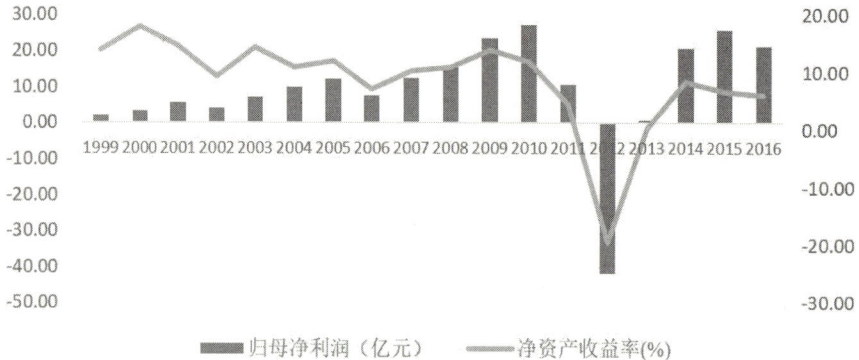

图 6-1   中兴通讯净利润和净资产收益率

图 6-1 显示了中兴通讯各个阶段经营绩效的变化。第一阶段(1999 年
1 月—2005 年 1 月)中兴通讯展现出随机性的战略态势,这一时期中兴通讯
处于探索与扩张时期,公司向不同方向进行尝试,寻找新的业务增长点。第
一阶段中兴通讯的盈利规模整体保持稳定增长趋势,21 世纪初出现一定程
度的波动,公司归母净利润由 1999 年的 2.11 亿元增长至 2004 年的 9.92 亿
元。由于这一时期公司体量的增长速度高于利润增长速度,这一时期的净
资产收益率呈现出现下降趋势,由 2000 年的峰值 13.82%下降至 2004 年的
10.82%。第二阶段(2005 年 2 月—2012 年 7 月)中兴通讯呈现出稳定性的
战略态势,其盈利规模与净资产收益率开始持续增长,公司归母净利润从
2005 年的 12.13 亿元增长至 2010 年的 27.33 亿元;净资产收益率从 2005 年
的 11.98%增长至 2009 年的 13.90%,公司盈利水平和资本运用效率大幅提
升。然而,在第二、三阶段交界时期,在种种内外部因素的共同作用下,中兴
通讯的业绩增长趋势发生较大转折,其业绩从 2011 年开始出现大幅下滑,
2011 年公司归母净利润下降至 10.67 亿元,降幅超过 60%;净资产收益率大
幅下降至 4.40%,公司经营绩效下滑严重,而 2012 年中兴通讯出现巨额亏
损,公司净亏损达到 41.91 亿元。第三阶段(2012 年 8 月—2017 年 12 月)中

兴通讯的盈利水平开始得到恢复,并从 2013 年开始扭亏为盈,2014—2016 年公司重新恢复 20 亿元以上的年度盈利水平,但是这一阶段公司净利润、净资产收益率均存在一定的波动,尤其是净资产收益率水平在这一阶段均在 10%以下,未能恢复至第 2 阶段的平均值,且从 2014 年开始持续下降,说明中兴通讯在第三阶段的经营效率整体较低。

中兴通讯 2012 年中兴通讯发生巨额亏损,主要原因是欧债危机及全球经济不景气的冲击波及通信行业,使得公司在该年度营业收入显著下降,营业成本、研发费用及销售费用上升。从 2011 年年底开始,全球通信行业开始发生较大下滑,市场趋于饱和状态,欧美国家电信运营商对通信设备的采集投入有所放缓,国内电信运营商也开始缩减无线资本开支。因为上游电信运营商缩减开支,导致我国下游主要通信运营企业增长乏力,而中兴通讯作为规模较小的通信运营商,其抗风险的能力相对较弱。此外,在激烈的市场环境下,行业整体毛利率大幅下滑,通信设备制造行业的不景气使得各大通信设备制造商为抢夺市场份额,不惜以低毛利为代价,中兴通讯这一阶段为了在这一激烈的市场竞争环境中生存下去,不得不以更低的毛利率抢夺市场份额。据中兴通讯 2012 年年报显示,其在非洲、南美、亚洲及国内较多的低毛利率合同在 2012 年集中确认业绩,导致对公司净利润有较大冲击。

6.2 苹果公司各阶段经营绩效分析

图 6 - 2 显示了苹果公司各个阶段经营绩效的变化。苹果公司 20 年来均呈现出稳定性的战略态势。与此相对应的是,除 21 世纪初全球 IT 产业下滑,导致 2001 年苹果公司出现短期小额亏损外,苹果公司 20 年来的盈利水平整体上呈现出了持续增长的趋势,公司净利润由 1998 年的 3 亿美元增长至 2017 年的 483 亿美元,年均复合增速达到 28.92%。苹果公司 20 年来一直专注消费电子业务,其收入构成主要包括个人电脑、音乐播放器、智能手机及配套软件与服务等,公司紧紧围绕其消费电子业务进行产业投资、并购及合作联盟活动,并且在这一领域内不断探索创新。1998—2006 年间,个人电脑与音乐播放器为苹果公司主要盈利来源,公司在个人电脑市场份额稳

居全球前十位,音乐播放器产品(iPod)市场份额位居全球前五位,这一时期公司利润增长相对比较缓慢,盈利规模年均增速为 26.20%,这一时期公司业务处于较为稳定阶段,公司采取专注于消费电子领域内专一化发展战略,逐步扩大公司资产及盈利规模,为 2007 年后的迅速崛起奠定了坚实的基础。2007 年为苹果公司发展历程中的一大转折点,这一年随着苹果公司进军智能手机业务,其经营绩效由稳步增长转变为飞速增长。苹果公司自 2007 年发布第一代"iPhone"产品以来,在全球智能终端的市场连续多年稳居市场份额前二位,iPhone 及其周边产品成功带动了苹果公司利润的增长,从 2007 年开始苹果公司净利润开始加速增长,2007—2017 年间净利润年均复合增长率达 30.05%,其中 2010 年至 2012 年为增速最快的时期,其净利润年均增速达 72.05%。苹果公司稳健的经营方针以及持续的创新能力,使得苹果公司具有较强的抵御风险能力。

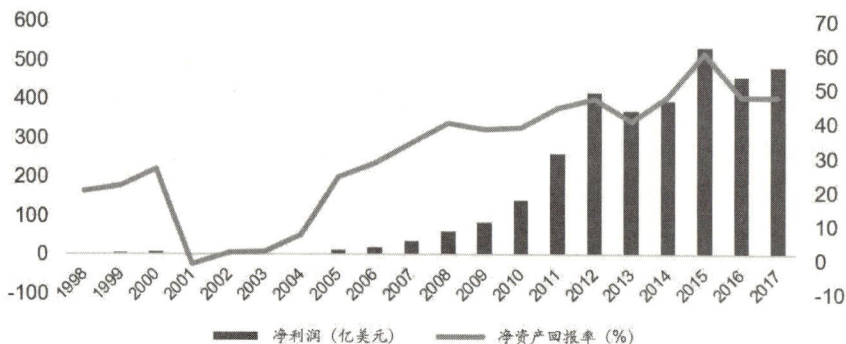

图 6‑2　苹果公司净利润和净资产收益率

　　苹果公司稳定性的战略态势也体现在其在财务风险的控制上。"零负债"的财报是苹果公司多年稳健的经营策略的写照。纵观苹果公司 20 年来的财务报表;除经营过程中发生的流动负债及自发性长期负债外,公司其他长期债务所占比重很小,且公司没有发生过一级市场增发股票的形式进行再融资事件。这种稳健的经营策略与苹果公司专注于一种业务的战略有关,苹果公司从未进行过非相关多元化扩张,使得苹果公司完全可以依靠自有资本实现内生增长,公司财务指标的外部依赖性较弱。20 年来,苹果公司资产负债率稳定在 30% 左右,说明公司财务风险较低,财务策略稳健,且公司资金实力雄厚,运用自有资金创造价值的能力较强。

6.3 诺基亚各阶段经营绩效分析

图 6-3 显示了诺基亚 1998—2017 年经营绩效的变化。第一阶段(1998 年 1 月—2009 年 9 月)中诺基亚呈现出稳定的战略态势,这一阶段诺基亚专注发展其自身塞班平台下的智能手机业务,并成为全球移动通信领域的霸主,其功能手机市场份额稳居全球第 1 位。这一阶段诺基亚在连年占据领先市场份额的同时,除 2001 年前后受全球性行业冲击的影响外,诺基亚的盈利水平在第一阶段也呈现出连年上升的趋势,其盈利水平及资本利用效率在三个阶段中均处于最高水平。诺基亚净利润由 1998 年的 17.51 亿欧元飞速上升至 2007 年的 72.05 亿欧元,净资产收益率稳定在 30% 以上。而 2007 年开始,以苹果、三星为代表的竞争对手的崛起,使得移动通信市场发生了巨大变化,诺基亚对此做出反应的迟滞使得其在全球市场丧失了大量市场份额,同时也严重影响了公司的业绩。由于竞争对手的异军突起,且诺基亚第一、第二阶段的分界点位于 2008 年全球金融危机前后,市场环境的变化及外部环境的影响导致了诺基亚在第一阶段的末期业绩出现飞速下滑,2009 年诺基亚净利润下降至 8.91 亿欧元,仅为 2007 年的 1/8。第二阶段(2009 年 10 月—2013 年 4 月)公司的战略态势为随机性,这一阶段公司开始尝试向不同方向调整其产品战略,但未取得明显的效果,这一时期诺基亚的盈利水平出现较大波动,2011 年净亏损 18.12 亿欧元,2012 年亏损额更是达到了 31.05 亿欧元。第三阶段(2013 年 5 月—2017 年 12 月)诺基亚呈现出自组织的战略态势,这一阶段开始的标志性事件为诺基亚被微软收购,诺基亚将手机业务剥离后,公司专注于网络和电信设备业务,这类业务通常具有较高的毛利率水平,使得诺基亚经营绩效短期内出现增长势头,于 2014、2015 连续两年实现盈利,2014 年净利润达到 34.62 亿元。然而,2016 年诺基亚开始回归智能手机业务并尝试介入 VR、光通信、独立软件等领域,公司对这些领

域的尝试没有为公司带来及时收益,公司出现较大的营运亏损,2017 年净亏损额达到 14.94 亿欧元。

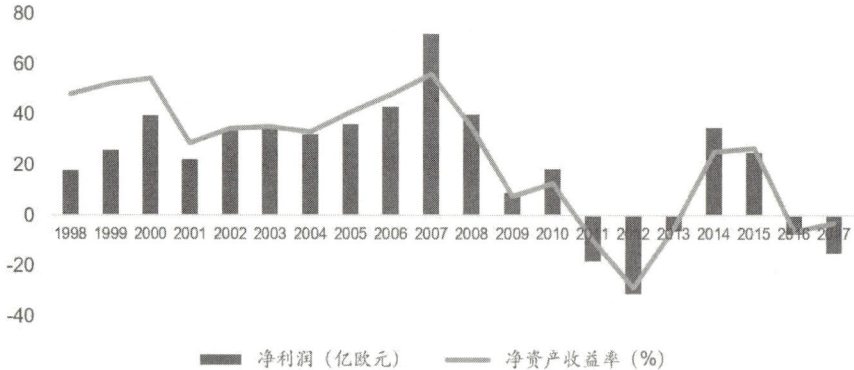

图 6-3   诺基亚净利润和净资产收益率

6.4   阿尔卡特各阶段经营绩效分析

图 6-4 显示了阿尔卡特各个阶段经营绩效的变化。第一阶段(1997 年12 月—2005 年 11 月)阿尔卡特呈现出稳定性的战略态势,这种稳定性的战略态势体现了公司管理层对于公司的完全控制力,这种完全控制力对公司这阶段的经营绩效带来了良好的帮助,在剥离非相关业务、营业收入规模下降的情况下,公司利润仍然表现稳定。1998 年至 2001 年,阿尔卡特的盈利水平一直处于上升趋势,2001—2002 年由于整个 IT 行业受到的巨大冲击公司发生较大亏损,2003 年开始扭亏为盈。第一阶段为阿尔卡特快速发展的阶段,公司剥离了大量非通信运营商的业务,缩小了企业规模,相应地,营业收入和营业成本均有所下降,但是成本的降幅总体上大于收入的降幅,因此阿尔卡特在这一阶段可以实现稳定盈利。这说明这一阶段阿尔卡特的主营业务仍然可以为公司带来巨大的收入,支撑了公司在通信领域快速发展阶段大规模的投资、并购类活动。而与之形成对比的是,第二阶段(2005 年 12月—2016 年 2 月)阿尔卡特展现出自组织的战略态势,公司管理层对公司控

制力较弱,相对应的是这一阶段公司经营绩效远远落后于第一阶段,开始出现连年亏损。第二阶段开始的标志性事件是 2006 年阿尔卡特与法国朗讯的合并,从公司经营绩效的数据来看,合并后的阿尔卡特—朗讯并未发挥出双方在各自领域的优势,反而遇到了一系列融合的问题,合并后来自双方的股东在管理层权利分配、公司经营策略、对外投资计划等方面出现了越来越多的矛盾,公司管理层基本丧失了对公司的控制力,经营商并未体现出管理层的战略意图,导致公司与竞争者相比渐渐失去其在原有领域的优势,公司的经营绩效出现严重下滑,呈现出连年亏损的局面。

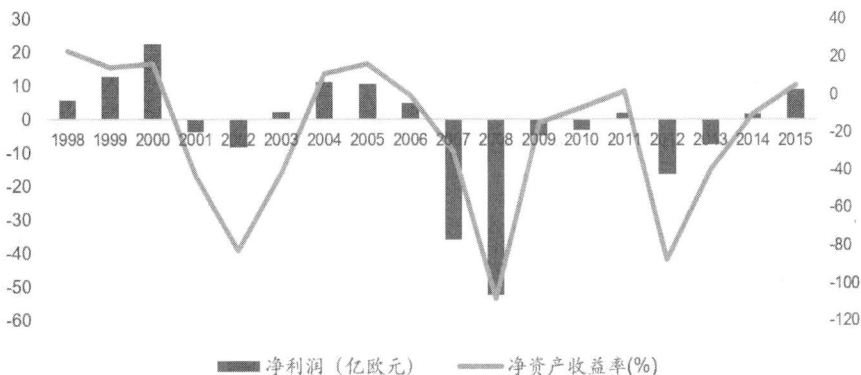

图 6 - 4 阿尔卡特净利润和净资产收益率

6.5 公司绩效的行业周期性影响分析

IT 行业为受到宏观经济走势影响较大的行业,其在经营过程中会出现周期性的波动,一旦行业出现整体下滑,所有行业中的企业均会受到波及。比如 2001—2002 年全球互联网泡沫破碎,整个 IT 行业受到了巨大的冲击,行业中各个公司的经营状况都出现了大幅下滑;2008 年全球经济危机的爆发,使得互联网、IT 行业同时受到不同程度的影响,行业内企业的融资能力近乎丧失,资金链趋于断裂,极大地影响了公司的生产经营、研发创新等各个环节。因此,在研究战略动态与公司绩效的关系的过程中,需要剔除行业景气度对公司经营绩效的影响。基于此,我们以IT行业整体ROE代表行业整体盈利能力的大小,进而反映行业整体景气度的情况。我们收集了IT行业1998—2017年行业平均ROE,结果如图6-5所示。

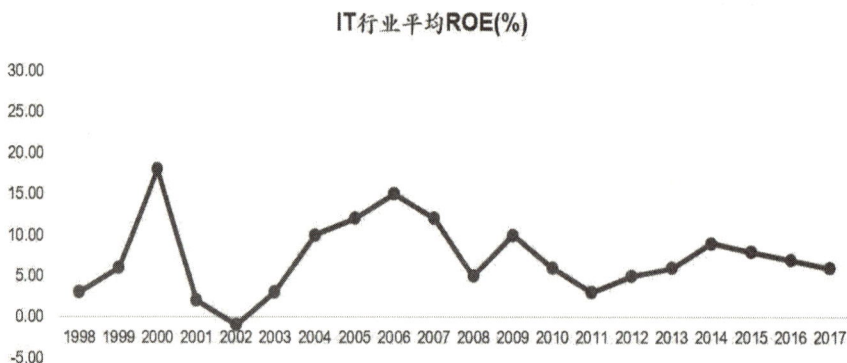

图6-5　IT行业净资产收益率

可以看出,IT行业平均净资产收益率在1997—2018年呈现出水平波动的走势,行业平均ROE分别在2002年、2008年和2011年出现极小点,也反映了IT行业于这三个时间点的景气度处于最低水平。根据6.1~6.4节的研究,我们可以发现所研究的四家企业中兴通讯、苹果公司、诺基亚、阿尔卡特的经营绩效均在2002年、2008年、2011年前后出现一定程度的波动,说明在这三个时间点上公司经营绩效主要受到行业景气度的影响,从而四家公司这三个时间点的业绩大幅波动可由行业因素解释。而从长期的角度看,我们所研究的四家企业中在其发展过程中的任一阶段均未完全跟随全球IT行业平均水平的波动走势,经营绩效的波动往往大于行业平均水平,这说明除上述三个时点公司经营绩效受到行业景气度的显著影响外,从整体上看公司经营绩效的变化并未显著受到行业景气度的影响,与外部市场环境的相关性不强,更多原因来自公司内部自身。

6.6　公司经营绩效总结

根据 6.1～6.5 节的讨论,公司在不同发展阶段展现出不同的战略态势,相对应公司往往会有不同的绩效表现。本节对 6.1～6.5 节的分析进行总结,以观察在何种战略态势下公司具有良好的绩效表现。表 6-1 总结了四家公司各个阶段的战略态势与经营绩效。

表 6-1　各公司经营绩效总结

公司名称	战略子阶段	经营绩效表现
中兴通讯	随机性阶段 (1999.01—2005.01)	盈利水平整体稳定,有小幅波动,但由于公司体量的增长大于利润的增长,导致净资产收益率总体呈下降趋势
	稳定性阶段 (2005.02—2012.07)	公司利润开始稳步增长,净资产收益率呈上升趋势(第二、三阶段分界年份由于内外部因素作用出现短期亏损)
	自组织阶段 (2012.08—2017.12)	由亏损恢复盈利,但波动仍较大,且净资产收益率总体呈下降趋势
苹果公司	稳定性阶段 (1998.01—2017.12)	除个别年份外,公司盈利水平及资本运用效率均呈增长趋势,尤其是近 10 年开始加速增长
诺基亚	稳定性阶段 (1998.01—2009.09)	盈利水平及资本运用效率逐年上升
	随机性阶段 (2009.10—2013.04)	盈利水平及资本运用效率大幅波动,开始出现亏损
	自组织阶段 (2013.05—2017.12)	盈利水平及资本运用效率大幅波动
阿尔卡特	稳定性阶段 (1998.01—2005.12)	除个别年份外,盈利水平及资本运用效率整体呈现上升
	自组织阶段 (2006.01—2017.12)	经营绩效严重下滑,出现连年亏损的情况

对比中兴通讯、苹果公司、诺基亚、阿尔卡特五家公司各阶段的战略态势与经营绩效,可以发现:

(1)当公司呈现出稳定性战略态势时,由于公司发展战略较为集中,经营策略较为稳健,在各自领域建立起一定的市场份额和竞争优势,因而公司的盈利水平往往呈现出增长趋势,运用自有资本的效率也较高。

(2)当公司呈现出随机性的战略态势时,公司向不同方向扩展业务范围,公司体量有所增大,但公司这一时期的盈利水平会呈现出波动,新的业务方向无法即时为公司带来新的盈利来源。

(3)当公司呈现出自组织的战略态势时,公司管理层控制力较弱,此时往往伴随着公司缩减业务范围、裁撤业务部门等类型的事件,公司经营效率较低,盈利水平有较大波动,甚至出现连续亏损情况。

第7章　各阶段公司竞争优势分析

　　本章对中兴通讯、苹果、诺基亚、阿尔卡特四家公司在各个战略阶段中的竞争优势进行对比分析,以研究战略动态与竞争优势的关系。基于第2章的讨论,我们将竞争优势定义为"企业在公平竞争的市场环境下,能够以更低的成本为消费者带来更有价值的产品或服务,能够在行业内超越其竞争对手,并获得超额利润的能力"。基于迈克尔·波特的竞争优势理论,并结合董保宝、陈占夺等对竞争优势衡量指标的研究,我们选择产品性能、产品成本、生产效率、市场份额和新产品开发五个指标来衡量公司在各个阶段的竞争优势,并将各指标的竞争优势按程度分为"高""中""低"三个等级("高"指企业在这一指标拥有绝对的竞争优势,在行业内遥遥领先,能够为企业带来超额利润;"中"是指该企业在这一指标拥有超过多数对手的竞争优势,但无法获得绝对竞争优势,为企业带来超额利润的能力不强;"低"是指该企业在这一指标较竞争对手来说处于竞争劣势,无法为企业带来超额利润)。如果公司该指标的等级为"高",则记3分;若等级为"中"则记2分;等级为"低"则记1分,最后将每个公司各个阶段五个指标的得分相加,计算出公司在该阶段的综合竞争优势得分。

　　本章对公司竞争优势的研究包含了定量分析指标和定性分析指标。其中,产品成本、生产效率、市场份额为定量分析指标,从定量角度分析公司是否具备竞争优势:产品成本主要用销售成本率进行量化;存货周转率、总资产周转率反映了公司生产效率;市场份额用公司在某一细分领域的市场规模占比来衡量,其中所涉及数据均来自公司公开披露的财务报告及定期报告。此外,产品性能、新产品开发为定性分析指标,从定性角度分析公司是否具备竞争优势。

7.1   中兴通讯各阶段竞争优势分析

第一阶段(1999 年 1 月—2005 年 1 月)中兴通讯呈现出随机性的战略态势,这一阶段全球 IT、通信业普遍经历了一次低谷,且国内传统固定电话网络设备增速减缓,在这一大背景下中兴通讯进行业务扩张与转型,这一时期中兴通讯发展战略实现"三大转变",即产品结构突破单一的交换设备,向多元化产品领域扩展;目标市场由农话向本地网、市话网扩展;由国内市场向国际市场扩展,并确立了移动通信、数据通信、光通信三大业务领域,并于 21 世纪初期实现两次融资 20 多亿元。这一阶段中兴通讯的战略事件以产业投资和合作联盟为主,占比达 2/3 以上,但这一时期公司投资及合作涉及领域众多,公司在多个领域都在进行积极扩展与尝试,但未能找到明确的业务重心。这一时期中兴通讯竞争优势分析如表 7 - 1 所示。

表 7 - 1   中兴通讯第一阶段竞争优势

序号	竞争优势	优势程度			简要分析
		高	中	低	
1	产品性能		√		这一时期正式确定了移动通信、数据通信、光通信三大战略领域。但结果移动通信明显见效(尤以 CDMA 和 PHS 为代表),而数据通信和光通信收效不大
2	产品成本	√			这一时期中兴通讯成本控制能力很强,销售成本率尽管呈上升趋势,但常年维持在 60% 以下,销售毛利率在 40% 以上,在通信行业上市公司中处于较高水平

（续表）

序号	竞争优势	优势程度			简要分析
		高	中	低	
3	生产效率			√	生产效率横向、纵向对比均处于较低水平（存货周转率由 1999 年的 1.05 到 2004 年的 3.07；总资产周转率由 1997 年的 0.91 到 2004 年的 1.24）
4	市场份额		√		移动通信领域取得较好成绩（CDMA 领域占据第一品牌位置），而在数据通信和光通信两大领域未能取得明显优势
5	新产品	√			中兴从单一的交换机产品发展到涉及交换、传输、接入、视讯、电源等 5 个相关领域的多元化经营，新产品推出的频率及数量较高
综合得分：11 分					

第二阶段（2005 年 2 月—2012 年 7 月）中兴通讯呈现出稳定性的战略态势，这一时期中兴通讯把战略重点放在三个方面：国际业务、手机终端、3G，确保三大战略领域的发展。在第一阶段数据通信、光通信业务没有取得明显成绩的情况下，中兴通讯第二阶段把移动通讯业务（手机终端、3G）放在集团发展的首要位置，公司战略事件大多围绕其移动通讯业务展开。此外，这一时期开始，中兴全面实施国际化战略，着力打造世界级卓越企业。2004年，中兴才开始大规模的推进海外市场阶段，并将 2005 年定为"国际年"，通过一系列国际化道路的探索，中兴通讯在发展中国家和中等发达国家市场站住脚跟的同时，开始进军发达国家市场。这一时期中兴通讯竞争优势分析如表 7-2 所示。

表 7-2　中兴通讯第二阶段竞争优势

序号	竞争优势	优势程度			简要分析
		高	中	低	
1	产品性能	√			这一时期中兴通讯将战略重心放在了移动通信业务，推出 WCDMA、cdma2000、NGN、GoTa 等高端产品，产品性能具有良好表现
2	产品成本		√		海外战略的推行，导致公司成本费用这一时期飞速增长，营业总成本由 2005 年的 205 亿元增长至 2011 年的 868 亿元，其销售成本率由第一阶段末期的 60% 增长至第二阶段末期的 70%
3	生产效率		√		生产效率显著提高（存货周转率维持在 4.0 以上；营运资本周转率由 2005 年的 2.61 增长至 2011 年的 4.50）
4	市场份额	√			在专注的移动通信领域仍然保持龙头位置。这一时期在移动通信产品层面，中兴通讯已由技术追随者，到局部领先者，再到规则制定者，在国际市场掌握话语权
5	新产品	√			推出 WCDMA、cdma2000、NGN、GoTa 等高端产品，国际市场 CDMA 系统、GSM 系统销售增加，以及国内市场 GSM 系统、TD-SCDMA 系统销售大幅增长。这一阶段中兴通讯新产品推出的频率和数量维持在较高水平
		综合得分：13 分			

　　第三阶段（2012 年 8 月—2017 年 12 月）中兴通讯呈现出自组织的战略态势，这一时期中兴通讯经历巨额亏损后，企业战略更加专注于提高经营效

率,缩小业务范围。第二阶段中兴通讯的海外扩张,使得企业规模变得日益庞大,组织结构日趋复杂,且业务体量与第二阶段相比又有了明显的增加,这是这一阶段呈现出自组织态势的重要原因。自组织的特点体现在战略事件上的表现为这一时期中兴通讯战略事件的频率明显增加,且呈现出明显的结构性——多个小型的战略事件后会跟随重大的战略事件,比如中兴通讯这一时期业务重组类事件显著增加,公司为了专注主营业务在这一时期多次出售子公司股权,而后迎来这一时期最重要的战略性事件——开始实施 M-ICT 战略,聚焦政企、运营商、消费者三大业务板块。这一时期中兴通讯的竞争优势分析如表 7 - 3 所示。

表 7 - 3　中兴通讯第三阶段竞争优势

序号	竞争优势	优势程度			简要分析
		高	中	低	
1	产品性能		√		受 2012 年亏损的影响,公司对移动通信产品投入下降,产品性能较新出现的竞争对手失去明显优势
2	产品成本			√	这一时期中兴通讯裁撤大量业务部门,但未能较好地控制成本费用,营业成本这一时期继续上升,2015 年以来突破 1000 亿元。此外这一时期公司成本大于收入
3	生产效率		√		生产效率显著下降(存货周转率由 2012 年的 4.85 下降到 2017 年的 3.01;营运资本周转率波动较大)
4	市场份额			√	这一时期中兴通讯在移动通信网络领域市场份额已被华为超越,且位于爱立信、阿尔卡特-朗讯及诺基亚之后。智能手机终端产品所占市场份额较小

（续表）

序号	竞争优势	优势程度			简要分析
		高	中	低	
5	新产品		√		这一时期移动通信业务渐渐被华为超越,订单数量的萎缩导致了新产品开发的减少;中兴通讯在国内重点开拓政企业务,但是政企业务产品结构较为单一,没有形成丰富的产品线;中兴通讯智能手机业务在第三阶段得到发展,但手机业务新产品推出频率及数量与竞争对手相比无明显优势

综合得分:8 分

7.2　苹果公司各阶段竞争优势分析

苹果公司 1998—2017 年均呈现出稳定性的战略态势,且除个别年份外,公司盈利水平及资本运用效率均呈增长趋势,尤其是近 10 年开始加速增长,说明苹果公司具有很强的利用自有资本创造利润的能力。2007 年以前,数码音乐播放器以及个人台式电脑为苹果公司的两大盈利来源,为全球第三大个人电脑供应商。2007 年,苹果公司发布其第一代 iPhone 产品,此后公司在智能手机终端领域市场份额飞速成长,连年占据智能手机市场份额前两名的位置,从而带动了公司经营利润的快速飞跃。2011 年,苹果公司创始人乔布斯去世,新任 CEO 库克接手后并未对公司作出重大改变,大致上依照乔布斯时代的方向继续营运公司,从而维持了公司长期发展战略及短期运营的稳定性,使得苹果公司近年来维持了其自身的市场地位。20 年来,苹果公司的消费电子业务聚焦于将新时代下的个性化信息,不断挖掘其品牌的内在价值,并通过不断的技术创新,构建起稀有的、不可替代的能力。苹果公司 20 年来竞争优势分析如表 7-4 所示。

表 7 - 4　苹果公司竞争优势

序号	竞争优势	优势程度			简要分析
		高	中	低	
1	产品性能	√			目前苹果公司主要产品包括智能手机、个人电脑、平板电脑、音乐播放器、软件应用服务等,其硬件、软件部分皆为自主研发,具有优质的性能表现及极强的自我创新能力,且引领了智能手机行业更新换代的潮流
2	产品成本	√			苹果公司对成本费用的控制能力很强,其产品有很高的毛利率。20 年来,苹果公司的销售成本率维持在 60% 左右,销售毛利率稳定在 40% 左右。苹果公司在出货量口径下的全球市场份额占比在 20% 左右,而利润占比在 80% 以上
3	生产效率	√			生产效率极高(存货周转率维持在 50 以上),在同行业中处于高水平,随着苹果公司出货量及市场份额的不断扩大,公司已由从工程主导迈向生产效率主导
4	市场份额	√			iPhone 推出之前,苹果公司个人电脑业务稳居全球第三位;2007 年以来其智能手机业务已成为公司第一大盈利来源,其出货量市场份额迅速跃升至全球第二位,个人手机出货量全球占比 20% 左右,而手机利润占全行业 80% 以上

（续表）

序号	竞争优势	优势程度			简要分析
		高	中	低	
5	新产品		√		目前,苹果公司每年召开两次新品发布会,且不断丰富其产品线构成,涵盖了智能手机、个人电脑、音乐播放器、配件、软件服务。目标消费者群体不断扩大,目前由高端产品为主向中低端产品进军。目前,苹果公司新产品推出的数量在同行业中不高,但呈现出增长速度不断加快的趋势
		综合得分:14 分			

7.3　诺基亚各阶段竞争优势分析

　　第一阶段(1998 年 1 月—2009 年 9 月)诺基亚呈现出稳定性的战略态势。诺基亚这一阶段一直是手机领域的霸主,而其最早接触移动通信行业可以追溯至 20 世纪 60 年代,诺基亚第一次通过收购其他公司成为一家综合性企业,业务范围较广,涉及了橡胶、造纸、电缆、发电等产品。20 世纪 80 年代,诺基亚通过抓住欧洲电信业的管制放松的机会,通过投资、并购进一步切入电信和通信行业。1992 年,诺基亚历史上的传奇总裁约玛·奥利拉走马上任,将移动通讯业务定为集团的战略核心,并果断剥离了橡胶业务、造纸业务等非核心业务。自此之后,诺基亚在手机领域不断成长,且抓住了个人通信市场发展的黄金年代,渐渐成为全球移动领域的霸主,其在手机市场不论是利润率还是出货量都领先竞争对手。20 世纪末以来,诺基亚一直稳居全球第一大手机制造商,手机市场份额持续居于全球第 1 位。然而,诺基亚这种成功蒙蔽了诺基亚在面对市场环境变化时的反应力,公司管理层开始变得迟钝。2007 年,在诺基亚如日中天的时候,苹果公司第一代 iPhone 面世,开启了智能手机的全新时代;紧接着一年,Google 推出了开源的安卓操作系统。一时间,全球各大手机厂商为了应对苹果公司带来的挑战,纷纷转向安卓系统,在自身市场份额迅速增长的同时,也压缩了诺基亚的市场空间。在这种情况下,诺基亚高层并未采取突破性的战略转移,而是坚持基于其 Symbian 平台进行产品升级。这一时期诺基亚竞争优势分析如表 7-5 所示。

表 7-5　诺基亚第一阶段竞争优势

序号	竞争优势	优势程度			简要分析
		高	中	低	
1	产品性能	√			这一阶段诺基亚在功能手机市场处于领导者地位,其生产的功能手机以其质量、品控水平而闻名
2	产品成本	√			这一阶段诺基亚成本控制能力较强,销售成本率维持在 65% 左右,销售毛利率稳定在 35% 的水平,在 21 世纪初处于行业领先地位。较强的成本控制能力驱动了利润的增长
3	生产效率	√			生产效率很高(存货周转率维持在 10 以上),在同行业中处于较高水平
4	市场份额	√			整个第一阶段,诺基亚在手机市场份额稳居全球第一位
5	新产品	√			诺基亚产品线非常丰富,在功能手机市场涵盖不同价位产品。第一阶段诺基亚新产品推出的频率、数量在同行业中均遥遥领先
			综合得分:15 分		

诺基亚第二阶段(2009 年 10 月—2013 年 4 月)呈现出随机性的战略态势。第一阶段的末期(2007—2009 年)尽管诺基亚依然占据了行业龙头的位置,但是其对外部环境变化做出反应的迟滞使得其面临了巨大危机。在三

星宣布与谷歌 Android 平台合作后,诺基亚开始意识到竞争对手带来的威胁,但未能找到明确的方向。2011 年,基于自身研发的 MeeGo 平台的 N9 智能手机首次推出,但这时已经远远落后于 iOS 和 Android。此后,诺基亚又与微软达成合作,放弃 Symbian 和 MeeGo,主做 Windows Phone 系统。此外,诺基亚还多次探讨加入谷歌阵营的可能性。这一时期的诺基亚已经针对外部环境的变化采取行动,但是缺少一个统一的目标与方向。这一时期诺基亚竞争优势分析如表 7 - 6 所示。

表 7 - 6   诺基亚第二阶段竞争优势

序号	竞争优势	优势程度			简要分析
		高	中	低	
1	产品性能		√		与苹果 iOS、谷歌 Android 平台产品相比,诺基亚仍然保持其质量与品控方面的特色,但是诺基亚产品并未很好地满足消费者日益增长的用户体验需求,在功能丰富性及用户体验方面落后于苹果及谷歌 Android
2	产品成本		√		这一时期诺基亚产品成本率有所上升,年平均水平 70%,与中小厂商相比仍处于领先地位,但是与苹果、三星两大新崛起的竞争对手相比没有优势
3	生产效率	√			生产环节仍然处于高效率水平,存货周转率与第一阶段基本持平
4	市场份额		√		这一时期诺基亚在全球手机市场份额先后被三星、苹果超越,滑落至全球第三位,而其后追赶着的市场份额也在迅速提升

（续表）

序号	竞争优势	优势程度			简要分析
		高	中	低	
5	新产品		√		针对市场环境的变化,这一时期诺基亚往不同方向探索应对方向。由于诺基亚没有找到稳定的着力点,这一阶段新产品数量有下降趋势

综合得分:11 分

第三阶段(2013 年 5 月—2017 年 12 月)诺基亚呈现出自组织的战略态势。这一阶段开启的标志性事件为诺基亚将手机业务出售给微软,其通过并购与业务转型,成为一家主营网络通信业务的公司。2016 年初,诺基亚完成收购了阿尔卡特—朗讯,并取而代之进入通信领域第三位;2016 年,又以微弱的优势超越爱立信,位列通信行业第二位。2016 年,诺基亚收回其智能手机业务。这一时期诺基亚竞争优势分析如表 7-7 所示。

表 7-7　诺基亚第三阶段竞争优势

序号	竞争优势	优势程度			简要分析
		高	中	低	
1	产品性能		√		通过收购西门子及阿尔卡特—朗讯的通信业务,诺基亚在通信网络业务领域具有一定的实力,但是与世界领先水平尚存一定差距
2	产品成本		√		由于业务转型,诺基亚产品成本率有所下降,降至 60% 左右,销售毛利率稳定在 40% 左右的水平。在同行业处于较高的水平,但并未形成独特的竞争优势

（续表）

序号	竞争优势	优势程度			简要分析
		高	中	低	
3	生产效率		√		由于业务转型,其存货周转率这一时期有所下降,存货周转率处于 5.0～7.0 之间。诺基亚的生产效率在网络通信设备行业中仍处于较高水平
4	市场份额		√		诺基亚将智能手机业务剥离,转而主营通信设备领域。诺基亚在收购阿尔卡特—朗讯后位于华为及爱立信之后,市场份额占据第三位,2016 年上升至第 2 位。2016 年诺基亚收回其智能手机业务,但主流市场已被苹果、三星等所占据
5	新产品			√	由于 2013—2015 年未涉及智能手机业务,其产品线由单一的网络通信设备构成,新产品推出频率及数量较低。2016 年回归智能手机业务后,新产品频率及数量有一定程度的上升,但与手机行业竞争对手相比处于劣势
综合得分:9 分					

7.4 阿尔卡特各阶段竞争优势分析

第一阶段(1998 年 1 月—2005 年 12 月),处于阿尔卡特与朗讯合并前。此时阿尔卡特为一家提供电信软硬件设备及服务的跨国公司,主要专注于通信网络及设备业务。阿尔卡特于 1997 年脱离了法国 CGE 集团,并开始进行独立运营,最开始为一家主营业务为通信电缆的公司,客户也主要局限于政府部门和军队,此后阿尔卡特开始围绕通信网络及设备业务开始不断并购其他通信公司,业务范围涵盖有线通信、无线通信、光通信领域,逐渐成为通信行业"巨无霸"。并购及剥离自身非主营业务使得阿尔卡特在这一时期将业务范围不断专一化,并渐渐实现其自身竞争优势。同时,以成立中国上海贝尔阿尔卡特为代表,阿尔卡特开始围绕其主营业务在全球范围内进行布局。这一时期阿尔卡特在专业技术领域处于全球领导地位,多项业务均占据全球领导者角色。阿尔卡特第一阶段竞争优势分析如表 7-8 所示。

表 7-8　阿尔卡特第一阶段竞争优势

序号	竞争优势	优势程度			简要分析
		高	中	低	
1	产品性能	√			处于通信网络及设备行业领导者角色。在移动通信系统、无线本地环路系统、卫星通信系统、ADSL 接入系统、因特网终端设备等方面,阿尔卡特具有绝对优势
2	产品成本	√			这一时期阿尔卡特成本控制能力较强,其销售成本率多数年份处于 50% 左右的水平
3	生产效率		√		生产效率较高(由于通信设备行业更新换代较快,其存货周转率处于较高水平,稳定在 5.0 以上)
4	市场份额	√			在移动设备领域,全球市场份额位居爱立信、北电、摩托罗拉、西门子和诺基亚之后;在光通信领域位居全球第一位,通信网络多项技术(DSL 等)处于全球领导者地位
5	新产品	√			这一时期阿尔卡特处于通信网络设备行业领先地位,在世界主要国家均有较大数量的订单储备,使得公司对于通信网络设备新产品的开发力度较大,新产品开发的频率和数量较高

综合得分:14 分

2006 年初,阿尔卡特完成对法国朗讯的收购,朗讯为以无线通信为主营业务的公司,两家公司在合并前都在通信网络及设备行业占有重要角色,但合并后却没能带来预想中的汇聚作用,反而成为阿尔卡特走向衰落的分水岭。合并后新公司阿尔卡特—朗讯陷入了漫长的磨合期,公司经营开始出现连年亏损,失去了往日的竞争优势。这一时期阿尔卡特的经营状态始终无法得到好转,管理层不断地进行内部腾挪,比如抵押资产、发行债券、引入战略投资者等,但是仍然无济于事,直至阿尔卡特被诺基亚并购。阿尔卡特—朗讯第二阶段竞争优势分析如表 7 - 9 所示。

表 7 - 9   阿尔卡特第二阶段竞争优势

| 序号 | 竞争优势 | 优势程度 | | | 简要分析 |
		高	中	低	
1	产品性能		√		内部整合过程十分缓慢,公司在各条生产线的研发进度都开始减慢,合并初期在原来擅长领域(光通信、DSL 等)仍然维持在领导者地位,但随后由于整个公司投入进程的放缓,其在这些领域的综合实力出现下滑
2	产品成本		√		这一时期阿尔卡特成本控制能力较弱,合并后公司未能展现出较好的协同效应,其销售成本率这一时期上升至 70% 的水平
3	生产效率		√		生产效率不及第一阶段(由于合并后公司经营出现严重亏损,内部管理效率较低,生产效率随之受到影响,存货周转率有所下降)
4	市场份额		√		随着国内的华为和中兴的崛起,在各条生产线上开始与阿尔卡特进行厮杀,阿尔卡特全面溃败,慢慢让出了领先的地位

（续表）

序号	竞争优势	优势程度			简要分析
		高	中	低	
5	新产品			√	这一时期公司发生大量业务重组类事件，剥离非相关业务，同时经营业绩大幅下降，新产品开发的频率和数量均显著下降
					综合得分：9 分

7.5 公司竞争优势总结

根据 7.1～7.4 节的分析，公司在不同战略子阶段，在产品性能、产品成本、生产效率、市场份额、新产品等方面往往具有不同的表现。表 7 - 10 总结了中兴通讯、苹果公司、诺基亚、阿尔卡特四家公司各阶段的竞争优势。

表 7 - 10 公司竞争优势总结

公司名称	战略子阶段	竞争优势
中兴通讯	随机性阶段 （1999.01—2005.01）	产品成本、新产品开发具有较强竞争优势；产品性能、市场份额竞争优势较弱；生产效率处于劣势； 综合得分：11 分
	稳定性阶段 （2005.02—2012.07）	产品性能、市场份额、新产品开发具有较强竞争优势；产品成本、生产效率竞争优势较弱； 综合得分：13 分
	自组织阶段 （2012.08—2017.12）	产品性能、生产效率、新产品开发竞争优势较弱；产品成本、市场份额处于劣势； 综合得分：8 分

（续表）

公司名称	战略子阶段	竞争优势
苹果公司	稳定性阶段 (1998.01—2017.12)	产品性能、产品成本、生产效率、市场份额具有较强竞争优势；新产品开发竞争优势较弱； 综合得分：14 分
诺基亚	稳定性阶段 (1998.01—2009.09)	产品性能、产品成本、生产效率、市场份额、新产品开发具有较强竞争优势； 综合得分：15 分
	随机性阶段 (2009.10—2013.04)	产品性能、产品成本、市场份额、新产品开发竞争优势较弱；生产效率维度竞争优势较强； 综合得分：11 分
	自组织阶段 (2013.05—2017.12)	产品性能、产品成本、生产效率、市场份额竞争优势较弱；新产品开发处于劣势； 综合得分：9 分
阿尔卡特	稳定性阶段 (1998.01—2005.12)	产品性能、产品成本、市场份额竞争优势较强；生产效率、新产品开发竞争优势较弱； 综合得分：14 分
	自组织阶段 (2006.01—2016.02)	竞争优势：产品性能、产品成本、生产效率、市场份额竞争优势较弱；新产品开发处于劣势； 综合得分：9 分

基于以上讨论，可以发现：

（1）当公司呈现出稳定性的战略态势时，公司往往展现出整体较强的竞争优势；

（2）当公司呈现出随机性或自组织性的战略态势时，公司往往展现出整体较弱的竞争优势。

第 8 章　各阶段公司创新绩效分析

基于第 2 章对企业创新绩效的文献研究,本章从企业创新的投入及产出两个角度来讨论公司的创新绩效。基于前文的讨论,本章分别选取研发投入及占营业收入的比重、经营利润与研发投入的比值、新产品开发的频率与数量来衡量各阶段公司的创新绩效。

其中,研发投入(及占营业收入的比重)衡量企业技术创新的投入大小,计算方法为:研发投入占营业收入的比重 = 研发投入/当年营业收入 ×100%。

经营利润与研发投入的比值衡量企业通过技术创新实现产出的能力,反映单位研发投入实现产出的水平,同时反映了企业创新活动的效率。考虑到 IT 企业研发周期较长的行业特点,其研发投入一般会有 2~3 年的时间产生收益,因此经营利润这里采用未来三年平均净利润来计算。计算公式为:经营利润与研发投入的比值 =(研发当年起未来三年平均净利润/当年研发投入)×100%(2016 年、2017 年该比值用研发当年净利润/当年研发投入×100%来计算)。

新产品开发的频率与数量为衡量公司创新绩效的定性指标,主要反映公司在各个阶段研发活动的产出情况。

8.1　中兴通讯各阶段创新绩效分析

图 8-1 为中兴通讯各阶段研发投入情况(中兴 2001 年开始披露研发投入)。

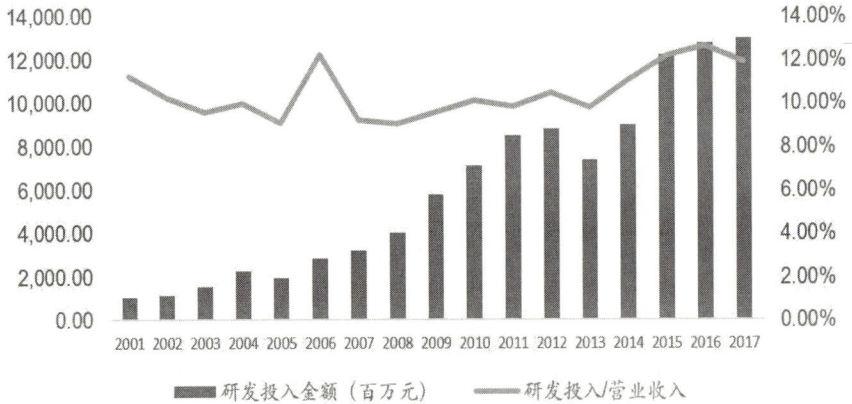

图 8 - 1　中兴通讯研发投入情况

　　总体上看,中兴通讯 2001—2017 年研发投入金额随着营业收入的增长而增长,研发投入占营业收入的比值在 9%～12% 间波动。第一阶段(随机性状态)中兴通讯研发投入增长不大,这一阶段公司主要通过并购及产业投资扩展业务范围,寻找新的利润增长点。第二阶段(稳定性状态)开始,中兴通讯的研发投入开始快速增长,而这一阶段公司营业额增长更快,研发投入金额与营业收入的比值稳定在 10% 左右,反映了这一阶段公司开始注重研发创新活动,且具有较强的成本控制能力。第三阶段(自组织状态)中兴通讯研发投入与营业收入的比值迅速上升,由之前的不足 10% 上升至 12% 以上,这一阶段管理层对公司缺乏控制力,公司研发投入的金额及比例均达到最大值,公司对研发活动的投入力度最大,但过高的研发投入另一方面也增加了公司的运营成本。

　　图 8 - 2 为中兴通讯经营利润与研发投入的比值情况。总体上看,由于中兴通讯研发投入金额很大,导致中兴通讯经营利润与研发投入的比值在几家公司中最小。由图可见,由于第一阶段(随机性阶段)中兴通讯研发投入金额相对较小,导致经营利润与研发投入的比值相对后两阶段较高;第二阶段(随机性阶段)开始这一比值保持相对稳定,维持在 0.50 左右,而由于2012 年巨额亏损因素的影响,2010—2012 年经营利润与研发投入的比值为负;第三阶段(自组织阶段)中兴通讯研发投入金额及占比均达到最高,但是

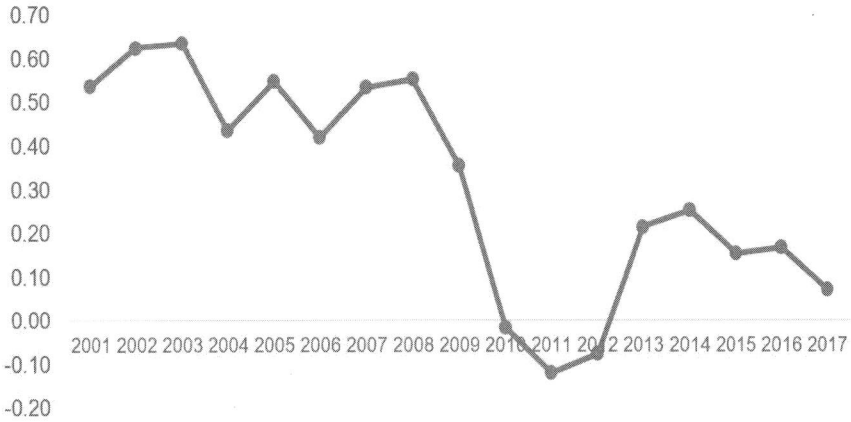

图 8-2 中兴通讯经营利润与研发投入的比值

其创造利润的能力却处于较低水平,经营利润与研发投入的比值平均不足0.3,远低于第一阶段与第二阶段的水平。

从新产品开发的频率及数量上看,中兴通讯第一阶段从单一的交换机产品发展到涉及交换、传输、接入、视讯、电源等5个相关领域的多元化经营,新产品推出的频率及数量较高;第二阶段中兴通讯主要专注于移动通信业务,其在移动通信业务领域渐渐树立起自身竞争优势,其移动通信业务产品种类更加丰富,并随着其国际化战略的推进,推出一系列面向国际市场高端产品;第三阶段中兴通讯实施 M-ICT 战略,聚焦移动通信业务、政企业务及消费者业务,这一阶段公司移动通信业务渐渐被华为超越,订单数量的萎缩导致了新产品开发的减少;政企业务产品较为单一,未形成完善的产品线;而面向消费者的智能手机产品线结构较为简单,其新产品开发的频率和数量在智能手机市场均处于劣势地位。表 8-1 总结了中兴通讯各阶段创新绩效。

表 8‐1 中兴通讯各阶段创新绩效

	S_1(1999.01—2005.01)	S_2(2005.02—2012.07)	S_3(2012.08—2017.12)
战略态势	随机性	稳定性	自组织性
创新绩效	研发投入增长速度较慢 研发活动实现产出、创造利润的能力相对较强 新产品开发的频率和数量较高	研发投入金额有较快增长,占销售额比重保持稳定 研发活动实现产出、创造利润的能力相对较强 新产品开发的频率和数量较高	研发投入金额及占销售额比重大幅增长 研发活动实现产出、创造利润的能力较弱 新产品开发的频率和数量较低

8.2 苹果公司各阶段创新绩效分析

图 8‐3 为苹果公司 1998 年至 2017 年以来研发投入情况。

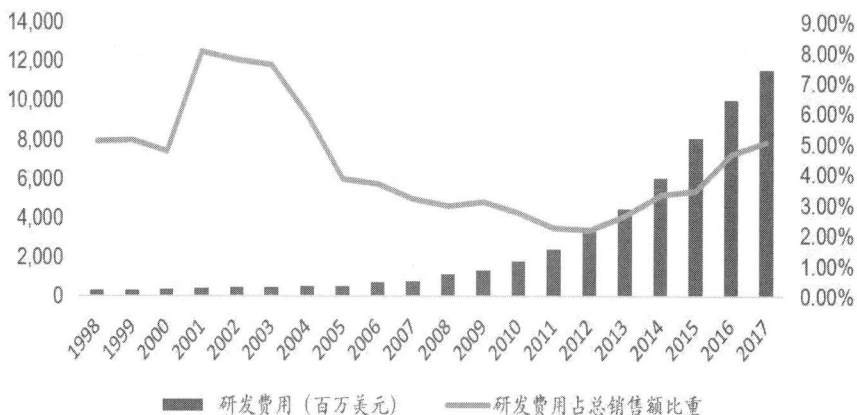

图 8‐3 苹果公司研发投入情况

苹果公司 20 年来研发投入呈现逐年上升趋势。2007 年前苹果研发投入增速较慢,总体上保持稳定;随着 2007 年苹果推出第一代 iphone,苹果公司产品线不断丰富,研发投入随之加速上升。苹果公司 2007 年后不断加大研发投入,一是因为现有产品线更加宽泛,所以需要更多的研发活动的支持;二是苹果公司越来越注重内部技术开发,把控制其设备的核心技术(如芯片)作为主要目标,力求降低对其他企业的依赖;三是新产品开发的力度不断增强,由台式机和笔记本电脑转向个人音乐播放器、智能手机和智能手表,苹果公司越来越多地进入新兴行业并力图在新进入的行业中实现领先地位。

　　从研发费用占总销售额的比重来看,2012 年以前,由于苹果公司销售额年增速很大,超过了研发支出的增长速度,使得苹果公司研发费用占总销售额的比重整体下降;2013 年开始,苹果加大产品研发投入,研发投入增速开始渐渐超过销售额增速。整体上看,苹果公司研发费用占比在几家公司中处于最低水平,但其销售额及盈利能力却呈现出高速增长态势。

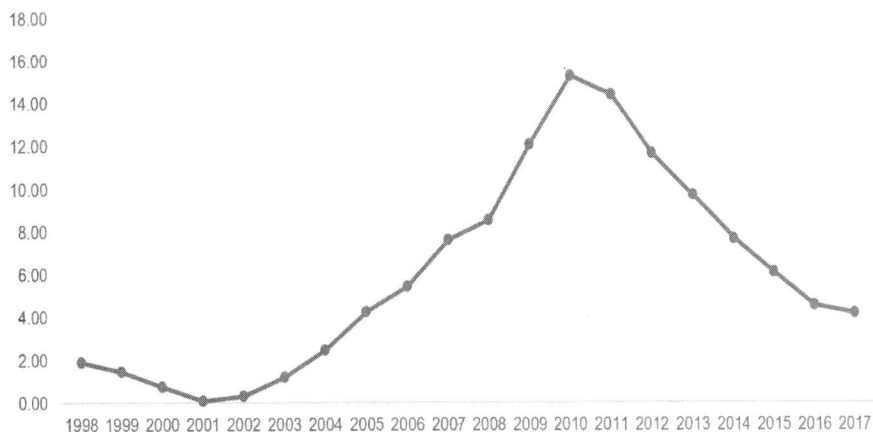

图 8 - 4　苹果公司经营利润与研发投入的比值

　　图 8 - 4 为苹果公司经营利润与研发投入的比值,从整体上看,苹果公司三年平均净利润/研发费用的数值要远远高于中兴通讯、诺基亚及阿尔卡特,其在最高时超过 16 倍,说明苹果公司研发活动产生利润的能力极强。从变化趋势上看,苹果公司经营利润与研发投入的比值 2010 年前整体呈现上

升趋势,2010 年后整体下降,主要原因在于苹果公司 2010 年前业绩处于飞速成长期,业绩增速大于研发投入增速;而在其后的几年间苹果公司加大了研发活动力度,研发投入数值高速增长,经营利润与研发投入的比值有所下降,但仍远高于其他几家公司的平均水平。

从新产品开发的频率与数量来看,2007 年以前苹果公司主要盈利来源为个人电脑及音乐播放器;2007 年以来,随着研发投入的加速增长及苹果公司越来越多地踏入新行业,其产品线由单一的电脑扩充至智能手机、平板电脑、智能手表、周边配件等领域,新产品开发的频率和数量均有很大的提升。

综合分析苹果公司各阶段创新活动投入与产出情况,表 8 - 2 总结了苹果公司各阶段的创新绩效。

表 8 - 2　苹果公司各阶段创新绩效

	S_1(1998.01—2017.12)
战略态势	稳定性
创新绩效	• 研发投入规模 2007 年稳中有升,2007 年开始加速增长;销售额增速大于研发投入增速,使得研发投入占销售额比重整体呈现下降趋势 • 研发活动实现产出、创造利润的能力很强,经营利润与研发投入比值远高于其他公司 • 新产品开发的频率和数量较高,尤其是 2007 年以来,频率和数量均有显著提升

8.3　诺基亚各阶段创新绩效分析

图 8 - 5 显示了诺基亚 1998—2017 年研发投入情况。

诺基亚 1998 年至 2017 年研发支出绝对值随着营业额的变化有所波动,20 年来研发费用占总销售额的比重整体来看呈现逐年上升趋势。第一阶段(1998—2009 年)诺基亚为稳定性战略态势,整体研发投入金额及占销售额比重较低;第二阶段(2009—2013 年)为随机性阶段,研发投入金额有所下

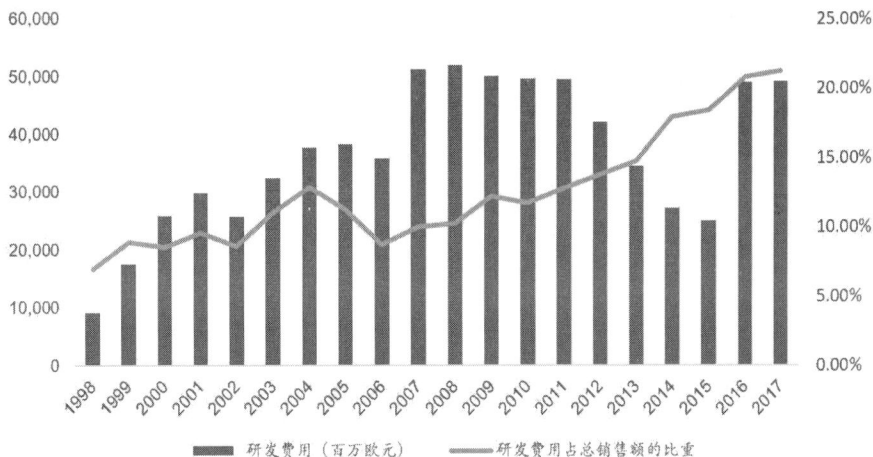

图 8-5　诺基亚研发投入情况

降,但这一时期公司销售额下降幅度较大,导致研发费用占总销售额比重进一步上升;第三阶段(2013—2017 年)为自组织阶段,2013 年以来随着诺基亚将手机业务出售给微软,剥离一大业务板块后其销售额大幅下降,但研发费用占比却逐渐上升,说明这一阶段诺基亚仍然重视研发投入,而 2016 年以来随着诺基亚手机业务的回归,其研发投入随之发生大幅增长。

　　图 8-6 为诺基亚经营利润与研发投入的比值,根据以上数据明显可见,诺基亚第一阶段的研发产出与投入比显著高于第二、三阶段,说明第一阶段当企业呈现出稳定性的战略态势时,企业具有较强的通过技术创新实现产出、创造利润的能力,说明企业具有较强的创新绩效。而第二、第三阶段企业分别呈现出随机性和自组织性的战略态势,这两个阶段企业研发投入比重进一步增大,而研发活动创造利润的能力迅速下降,反映了公司的研发活动没有能够转化成利润,甚至成为公司业绩出现亏损的来源。

　　从新产品开发的频率与数量来看,第一阶段诺基亚在全球功能机市场稳居市场份额首位,其庞大的用户群体以及较强的研发实力使得其在第一阶段的新产品开发的频率与数量较大,其在新产品开发维度有较强的竞争优势;第二阶段随着苹果与谷歌 Android 的崛起,诺基亚市场份额先后被三星、苹果超越,诺基亚从不同方向探索应对策略,没有找到稳定的着力点,这

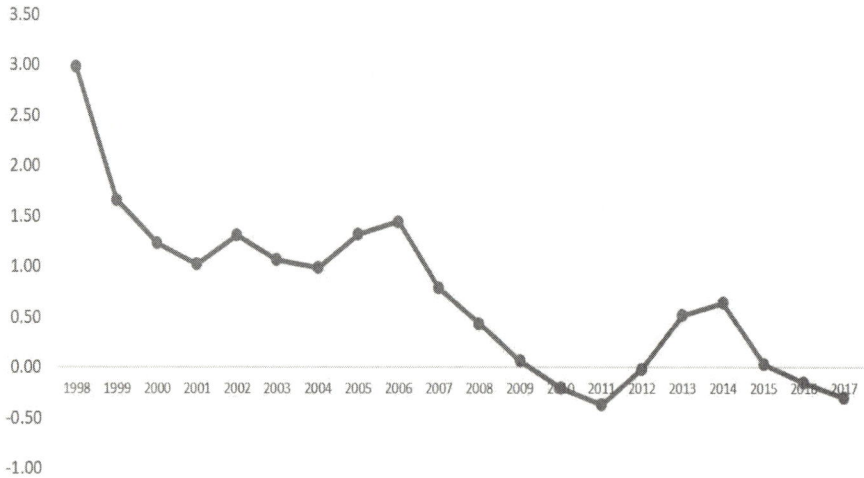

图 8 - 6   诺基亚经营利润与研发投入的比值

一阶段新产品频率及数量有所下降,其在新产品开发维度竞争优势较弱;第三阶段以来,由于 2013—2015 年未涉及智能手机业务,其产品线规模发生大幅削减,新产品推出频率及数量较低。2016 年回归智能手机业务后,两年间先后推出一定数量的全新产品,但与手机行业竞争对手相比处于劣势。

综合分析诺基亚各阶段创新活动投入与产出情况,表 8 - 3 总结了诺基亚各阶段的创新绩效。

表 8 - 3   诺基亚各阶段创新绩效

	S_1(1998.01—2009.09)	S_2(2009.10—2013.04)	S_3(2013.05—2017.12)
战略态势	稳定性	随机性	自组织性
创新绩效	研发投入占比呈现增长趋势 研发活动实现产出、创造利润的能力较强 新产品开发的频率和数量较高	研发投入占比呈现进一步增长趋势 研发活动实现产出、创造利润的能力较弱,公司开始出现亏损 新产品开发的频率和数量较低	研发投入占比为三阶段最高 研发活动实现产出、创造利润的能力较弱,公司出现连续亏损 新产品开发的频率和数量很低

8.4 阿尔卡特各阶段创新绩效分析

图 8-7 为阿尔卡特各阶段研发投入情况。

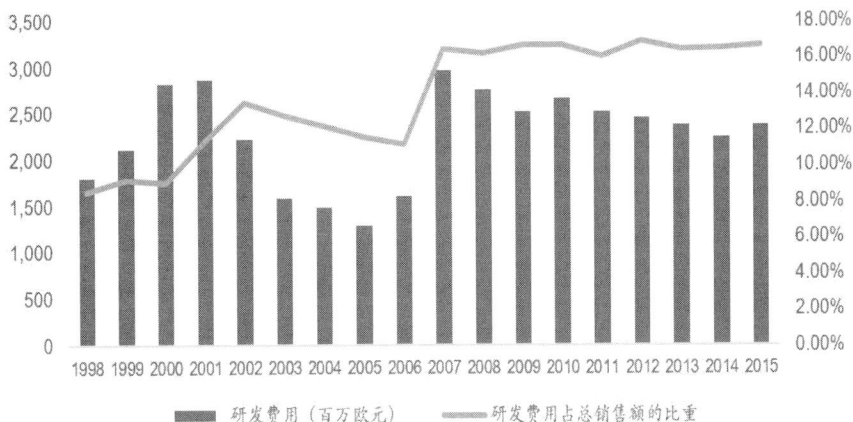

图 8-7 阿尔卡特研发投入情况

阿尔卡特以 2006 年为分界，第一阶段（稳定性阶段）与第二阶段（自组织阶段）研发投入规模呈现出显著差异。第一阶段阿尔卡特的研发投入占比较为稳定，在 12% 以下，1998—2001 年研发投入规模有所上升，2002 年阿尔卡特剥离其手机业务，并停止了相关产品的研发，导致阿尔卡特 2002—2005 年的研发投入有显著减少，占营业收入的比重略有降低。而进入第二阶段，随着阿尔卡特收购法国朗讯，收购完成后成立的新公司其研发投入显著增大，占销售额的比重由第一阶段的不足 12% 迅速上升至 16% 以上。

图 8-8 显示了阿尔卡特创新活动产出情况。第一阶段（2006 年前）阿尔卡特除 2001—2002 年行业因素的影响外，公司整体处于盈利状态，经营利润与研发投入之比多数年份为正值；2006 年以来随着阿尔卡特收购法国朗讯后出现连年亏损，而这一阶段研发投入反而迅速增长，经营利润与研发投入的比值连年出现负值，说明阿尔卡特这一阶段的巨额研发投入并未能实现有效产出，反而成为公司亏损的一大来源。

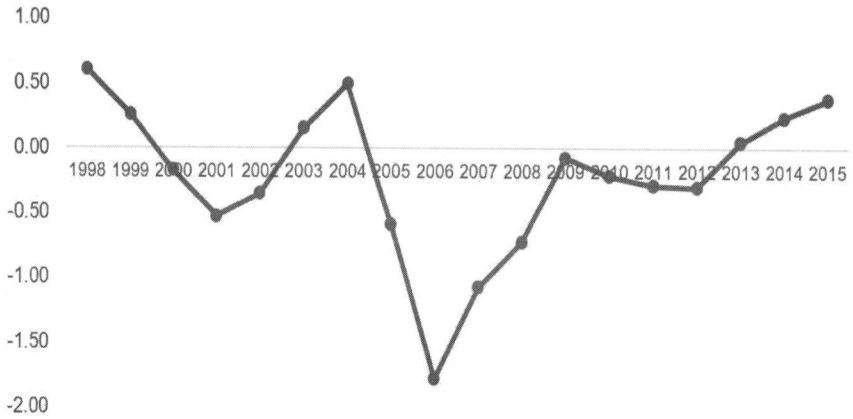

图 8‑8　阿尔卡特经营利润与研发投入的比值

　　从新产品开发的频率与数量来看,第一阶段(2006 年前)由于其在通信网络设备、光通信等领域的竞争优势,其在这些领域中新产品开发的频率和数量均相对较高;第二阶段(2006 年后)公司渐渐失去竞争优势,订单数量有明显减少,同时发生大量业务重组类事件,剥离非相关业务,新产品开发的频率和数量均显著下降。

　　表 8‑4 总结了阿尔卡特各阶段创新绩效。

表 8‑4　阿尔卡特各阶段创新绩效

	S_1(1998.01—2005.12)	S_2(2006.01—2016.02)
战略态势	稳定性	自组织性
创新绩效	研发投入金额先上升,剥离手机业务后明显下降 研发投入占比较为稳定,与营业额接近同比例变化 研发活动实现产出、创造利润的能力相对较强 新产品开发的频率和数量较高	研发投入金额及占比相对第一阶段均有明显上升 研发活动实现产出、创造利润的能力较弱,公司出现连年亏损 新产品开发的频率和数量较低

8.5　公司创新绩效总结

基于 8.1～8.4 节的讨论，表 8‑5 总结了四家公司不同战略子阶段下的创新绩效。

表 8‑5　公司创新绩效总结

公司名称	战略子阶段	创新绩效
中兴通讯	随机性阶段 （1999.01—2005.01）	研发投入增长速度较慢；研发活动实现产出、创造利润的能力相对较强；新产品开发的频率和数量相对较高 具有较强的创新绩效
	稳定性阶段 （2005.02—2012.07）	研发投入金额有较快增长，占销售额比重保持稳定；研发活动实现产出、创造利润的能力相对较强；新产品开发的频率和数量较高 具有较强的创新绩效
	自组织阶段 （2012.08—2017.12）	研发投入金额及占销售额比重大幅增长；研发活动实现产出、创造利润的能力较弱；新产品开发的频率和数量较低 具有较弱的创新绩效
苹果公司	稳定性阶段 （1998.01—2017.12）	使得研发投入占销售额比重较低，整体呈现下降趋势；研发活动实现产出、创造利润的能力很强，经营利润与研发投入比值远高于其他公司；新产品开发的频率和数量较高，尤其是 2007 年以来，频率和数量均有显著提升 具有较强的创新绩效

（续表）

公司名称	战略子阶段	创新绩效
诺基亚	稳定性阶段 （1998.01—2009.09）	研发投入占比呈现增长趋势；研发活动实现产出、创造利润的能力较强；新产品开发的频率和数量较高 具有较强的创新绩效
	随机性阶段 （2009.10—2013.04）	研发投入占比呈现进一步增长趋势；研发活动实现产出、创造利润的能力较弱，公司开始出现亏损；新产品开发的频率和数量较低 整体创新绩效较弱，但强于自组织阶段
	自组织阶段 （2013.05—2017.12）	研发投入占比为三阶段最高；研发活动实现产出、创造利润的能力较弱，公司出现连续亏损；新产品开发的频率和数量很低 创新绩效为三个阶段中最弱
阿尔卡特	稳定性阶段 （1998.01—2005.12）	研发投入占比较为稳定，与营业额接近同比例变化；研发活动实现产出、创造利润的能力相对较强；新产品开发的频率和数量较高 具有较强的创新绩效
	自组织阶段 （2006.01—2016.02）	研发投入金额及占比相对第一阶段均有明显上升；研发活动实现产出、创造利润的能力较弱，公司出现连年亏损；新产品开发的频率和数量较低 具有较弱的创新绩效

根据以上讨论，可以发现：

（1）当公司呈现出稳定性的战略态势时，公司研发投入与营业额往往保持接近同比例变化，研发投入占营业额的比重较为稳定；研发活动实现产出、创造利润的能力较强；新产品开发的频率和数量相对较高。公司整体上具有较强的创新绩效。

（2）当公司呈现出自组织的战略态势时，公司研发投入往往呈现出高速增长趋势,占营业额的比重不断上升;但研发活动实现产出、创造利润的能力较弱;新产品开发的频率和数量相对较低。公司整体上具有较弱的创新绩效。

(3)当公司出现随机性的战略态势时,公司研发投入占比无确定规律,这一阶段公司研发活动实现产出、创造利润的能力强于自组织阶段,但与稳定性阶段相比相对较弱。公司整体上创新绩效表现强于自组织阶段,弱于稳定性阶段。

第9章 战略行为、战略动态与
公司绩效关系

本章首先简要分析了重大事件对战略态势的影响,进一步分析了各公司的战略行为,以及战略行为、战略动态与公司绩效的关系。

9.1 重大内外部事件对战略动态的影响

根据对中兴通讯、苹果公司、诺基亚及阿尔卡特的分析,除苹果公司20年来均呈现出稳定性的战略态势外,其余几家公司均发生过战略动态变化。而分析公司所有战略事件,可以发现公司发生战略动态变化的前后年份往往会伴随着重大内外部事件的发生,可以说重大内外部事件为导致公司战略动态变化的直接影响因素。表9-1总结了战略态势发生变化的时点前后重大内外部事件。

表 9-1 变化时点前后重大内外部事件

公司名称	变化前后战略态势	变化年月	变化时点前后重大内外部事件
中兴通讯	随机性—稳定性	2005.1	2004年12月中兴通讯在H股成功上市;中兴通讯"国际年"开启,国际化战略全面启动
	稳定性—自组织性	2012.7	中兴通讯2012年度发生巨额非经常性亏损
苹果公司	未发生变化	—	—

（续表）

公司名称	变化前后战略态势	变化年月	变化时点前后重大内外部事件
诺基亚	稳定性—随机性	2009.9	苹果公司 iphone 系列产品及谷歌公司 Android 系列产品诞生，市场环境发生巨大变化
	随机性—自组织性	2013.4	诺基亚手机业务被微软成功收购
阿尔卡特	稳定性—自组织性	2005.11	阿尔卡特完成收购法国朗讯

　　中兴通讯发生战略态势变化的时点分别是 2005 年 1 月和 2012 年 7 月。2004 年以前，中兴通讯为随机性战略态势，公司往不同方向进行探索，力求寻找新的业务增长点。2004 年 12 月，中兴通讯成功登陆香港联交所上市，成为国内通信行业第一家"A＋H"股上市公司。成功上市为中兴通讯带来巨额资金来源，为中兴通讯战略转型、并实施国际化战略提供了资金支持。2005 年以来中兴通讯在其移动通信业务逐年增大投入，公司战略朝专一化方向发展，力求在这一领域建立绝对领先地位。同时，2005 年为中兴通讯全面开启国际化战略的一年，此后中兴通讯在国际市场上逐步扩大投资，广泛开展跨国业务。而 2012 年中兴通讯由于种种内外部因素的累积发生巨额亏损，此后公司管理层对公司控制力逐渐减弱，公司业务范围逐步收缩，直至 2014 年发布其全新"M-ICT"战略。

　　诺基亚发生战略态势变化的时点分别是 2009 年 9 月和 2013 年 4 月。其战略态势的第一次变化为市场环境重大变化的影响。诺基亚第一阶段呈现出稳定性的战略态势，公司战略未发生重大调整，一直是一家以研发、生产、销售功能手机为主要业务的公司。2007 年苹果公司发布其第一代 iPhone 手机，2008 年谷歌公司成功推出其第一款 Android 操作系统智能手机，而 2007—2008 年诺基亚仍然以生产功能手机为主，依靠其品牌优势与苹果、Android 相竞争。2009 年开始，诺基亚开始调整其战略方向，先后尝试自主研发操作系统，并探索与微软、谷歌合作。由于公司这一阶段未能找到明确的前进方向，其战略事件关联性较低，呈现出明显的随机性特点。2013 年，诺基亚手机业务被微软收购，公司组织机构、领导层、业务领域、核心技术人员均发生巨大变动，此时公司管理层控制能力减弱，公司战略态势呈现出明显的自组织特征。

阿尔卡特战略态势发生变化的时点为 2005 年 11 月,变化前阿尔卡特为一家专注于通信网络设备的公司,其在诸多细分领域均占据行业领先地位;而阿尔卡特与法国朗讯于 2006 年年初完成合并,合并后的阿尔卡特—朗讯没有能够产生预想中的汇聚作用,新成立的公司进入了漫长的磨合期,原阿尔卡特及原朗讯股东在战略目标、经营计划、利益分配等方面出现诸多矛盾,导致新公司无法形成一个有效的组织结构,管理层对公司的控制能力减弱,公司战略态势呈现出明显的自组织特征。

9.2　公司战略行为分析

我们对中兴通讯、苹果公司、诺基亚及阿尔卡特四家公司在各个阶段的战略行为进行分析,讨论公司战略行为、战略动态与公司绩效的关系,研究公司出现稳定性、随机性、自组织性的战略态势时公司对应的战略行为,从而探究公司呈现出某种特定战略态势时的深层次因素,以及公司战略动态为什么会对公司绩效产生影响。

9.2.1　中兴通讯各阶段战略行为分析

表 9-2 总结了中兴通讯各阶段的战略行为、战略动态与公司绩效。

表 9-2　中兴通讯战略行为、战略动态与公司绩效

	S_1(1999.01—2005.01)	S_2(2005.02—2012.07)	S_3(2012.08—2017.12)
战略行为	战略事件类型:以产业投资和合作联盟为主,投资及合作对象具有多元化特征 战略行为特点:这一阶段中兴通讯确立多元化发展战略,往不同方向进行探索与扩张,但未找到战略重心	战略事件类型:以产业投资和合作联盟为主,而业务重组事件较第一阶段明显上升。战略事件大多集中在通信网络设备领域,并剥离无关业务 战略行为特点:战略重心向移动通信设备倾斜,呈现专一化趋势;国际化战略推进	战略事件类型:以产业投资和合作联盟为主,而这一时期业务重组类事件进一步上升 战略行为特点:各事业部享有自有运作空间,缺乏在整个集团层面的有效决策,未能建立起统一的协调机制

（续表）

战略态势	S_1（1999.01—2005.01）随机性	S_2（2005.02—2012.07）稳定性	S_3（2012.08—2017.12）自组织性
公司绩效	经营绩效:盈利规模保持稳定,但弱于公司体量的增长速度,资本运用效率下降 竞争优势:竞争优势综合得分 11 分,较弱 创新绩效:整体创新绩效较弱	经营绩效:盈利规模及资本运用效率稳步上升 竞争优势:竞争优势综合得分 13 分,较强 创新绩效:整体创新绩效较强	经营绩效:盈利规模及资本运用效率大幅波动 竞争优势:竞争优势综合得分 8 分,较弱 创新绩效:整体创新绩效三个阶段中最弱

　　第一阶段(1999 年 1 月—2005 年 1 月)中兴通讯呈现出随机性的战略态势,这一阶段公司确立多元化发展战略,从最初单一的交换机产品发展到涉及包括交换、传输、视讯、接入、电源等领域的多元化经营,公司往不同方向进行探索与扩张,以寻求新的利润增长点。公司这一阶段未找到明确的战略重心,没有出现一个主要的盈利来源,而是在诸多方面均有所涉及。从战略事件来看,这一阶段中兴通讯以产业投资和合作联盟为主,占比达 2/3 以上,但这一时期公司投资及合作涉及领域众多,如"中兴通讯出资 520 万元人民币(65% 股权)与吴培春合资组建了无锡市中兴光电子技术有限公司,主要从事光电子技术开发及相关产品制造、销售、技术服务等业务(2000 年 1 月)""中兴通讯与微软(中国)有限公司在北京签署了电信领域战略合作备忘录(2003 年 9 月)""中兴通讯出资 54 万人民币设立深圳市特种设备有限责任公司,并持有其 54% 的股份(2003 年 1 月)"等等。这些产业投资及合作联盟类活动所涉及的行业及领域众多,体现了公司这一阶段经营方向具有明显的多元化特征,公司缺少明确的战略目标。这一时期由于公司投资并购事件占比很大,公司处于整体扩张期,并确立了移动通信、数据通信、光通信三大业务板块,资产规模迅速增长,但公司这一阶段在数据通信和光通信收效不大,这两类领域的产品毛利率及市场份额均较低,使得第一阶段中兴通讯盈利水平整体稳定,有小幅波动,但由于公司体量的增长大于利润的增长,导致净资产收益率总体呈下降趋势。而第一阶段多元化的战略行为

特征,未能在某一领域为公司带来明显的竞争优势,且公司创新绩效弱于最高时水平。

第二阶段(2005 年 2 月—2012 年 7 月)中兴通讯呈现出稳定性的战略态势,这一阶段随着公司在 H 股成功上市,公司在移动通信设备领域明显发力,移动通信业务成为公司的战略重心,且国际化战略开始加速推进。由于其在移动通信业务的发力以及国际化布局的需要,这一阶段公司战略事件仍然以产业投资和合作联盟为主,且业务重组、组织重组类事件明显增加,说明公司在其战略重心领域加强布局,同时剥离盈利能力较差、前景不明朗的业务,公司战略事件所涉及领域更加集中,呈现出明显的往移动通信业务发展的趋势,如"中兴通讯收购 ZiMax Tech 公司的所有股权,ZiMax Tech 主要从事研发电讯产品(2005 年 8 月)""中兴通拟投资 6 亿元设立西安中兴新软件有限责任公司,从事通信设备/终端设备业务(2008 年 12 月)""中兴通讯宣布,公司与欧洲最大的移动运营商之一、德国电信子公司 T-Mobile 签署了 GFA 协议,该协议覆盖了用于 T-Mobile 所有的手机和数据卡设备市场(2009 年 2 月)"等。这一阶段中兴通讯的战略事件大多以总公司为实施主体,即签署投资、合作、并购协议多以集团层面进行,且都集中于移动通信业务领域,体现了公司有明确的战略目标及战略举措,管理层对公司有较强的控制力。这一时期在稳定性的战略态势下,由于公司目标较为集中,专注于移动通信业务,使得公司在这一业务领域展现出了较强的竞争优势,并且有效地带动了公司盈利规模与资本运用效率的提升,而这一阶段的创新绩效处于三个阶段中的最强水平。

第三阶段(2012 年 8 月—2017 年 12 月)中兴通讯呈现出自组织的战略态势,这一时期公司在经历 2012 年的巨额亏损后,公司开始频繁出售子公司股权,并且开始加大高端手机品牌的建设,大力打造中兴自己的高端品牌,再到 2014 年公司全新"M-ICT"战略(聚焦运营商、政企、终端三大业务;聚焦新型产品市场孵化战略)启动,公司战略事件前后具有较强的关联性,从而符合幂律分布中"小的积累带来大的变化"的规律。从战略事件类型来看,以产业投资和合作联盟为主,而这一时期业务重组类事件进一步上升。2013 年,中兴通讯开始进行战略、组织人事的重大调整,成立终端事业部并独立运营,同时将政企网提升为公司二级经营单位,终端、政企、运营商成为公司并列业务单位,各事业部独立享有更多自由运作空间,这种组织形式导致了中兴通讯经营决策更多地基于事业部的层面进行,公司在这一时期缺乏在整个集团层面的有效决策,未能建立起统一的协调机制,公司管理层对公司的控制力较弱。在这种事业部制的运行模式下,公司各事业部运转效率并不高,公司盈利水平及资本运用效率均发生巨大波动,而在其原本擅长的移动通信领域公司也渐渐丧失了其竞争优势,这一阶段公司的创新绩效也处于三阶段中最弱水平。

9.2.2 苹果公司各阶段战略行为分析

表 9 - 3 总结了苹果公司各阶段战略行为、战略动态与公司绩效。

表 9 - 3 苹果公司战略行为、战略动态与公司绩效

	S_1（1998.01—2017.12）
战略行为	战略事件类型:以并购、产业投资和合作联盟为主,这三类事件占比达 68% 战略行为特点:专注消费电子业务,即并购、投资、合作的对象集中在消费电子方向,公司战略选择确定、集中
战略态势	稳定性
公司绩效	经营绩效:公司盈利水平及资本运用效率均呈增长趋势,尤其是近 10 年来呈现加速增长 竞争优势:竞争优势综合得分 14 分,较强 创新绩效:整体创新绩效较强

苹果公司 20 年来均呈现出稳定性的战略态势。苹果公司 20 年来战略选择 20 年来较为确定和集中,包括坚持成本领先战略(采用代工模式生产)、市场开发战略(注重将公司现有产品打入从未进入过的新市场)、产品差异化战略(坚持产品差异化、服务差异化、品牌差异化、营销渠道差异化)。从业务范围上看,苹果公司 20 年来主营业务均集中在消费电子领域,其在坚持从事消费电子业务的基础上,苹果公司不断向各个细分领域进军,如 21 世纪

初开始从事音乐播放器业务、2007 年开始从事智能手机业务、2010 年开始从事平板电脑业务、2014 年开始从事智能手表业务等。从战略事件上看,苹果公司战略事件类型以并购、产业投资及合作联盟为主,其投资并购、合作的对象绝大多数为消费电子产业链上相关初创企业、高成长性企业,从而为公司扩展提供支持。如"苹果公司成功收购 Quattro Wireless 100% 股权(2010 年 1 月)""苹果公司与 Visa 和万事达达成战略合作协议,携手打造 iPhone 手机钱包(2014 年 1 月)""苹果公司斥资 200 万美元收购以色列面部识别初创公司,为下一代 iPhone 手机引入面部识别技术(2017 年 2 月)"等等。从苹果公司的组织结构来看,与多数科技公司不同,苹果公司采用的是管理幅度更大、管理层次更少的扁平结构,即下属部门直接向公司高管负责,管理层可以实施有效的检测。在电子领域中,苹果公司 CEO 相较其他公司扮演更为重要的角色,从乔布斯到库克,苹果公司 CEO 通过直接地参与管理高层事务,从而可以在高级管理人员及各业务部门中形成强大的凝聚力,紧紧带动公司高层以致整个公司的发展方向。因此,苹果公司管理层对公司有较强的控制力,这种控制力使得公司有明确的战略目标,保证了公司一直呈现出一种稳定发展的状态。苹果公司专注消费电子业务的战略行为特征使得公司呈现出稳定性的战略态势,而这种稳定性的战略态势也为公司在消费电子领域带来较强的竞争优势,公司盈利水平及资本运用效率均处于较高水平,公司也表现出较强的创新绩效。

9.2.3 诺基亚各阶段战略行为分析

表 9-4 总结了诺基亚各阶段战略行为、战略动态与公司绩效。

第一阶段(1998 年 1 月—2009 年 9 月)诺基亚呈现出稳定性的战略态势,公司专注于基于自身 Symbian 平台的功能手机业务,战略选择较为专一化。诺基亚管理者认为,因为资源有限,公司无法在其从事的所有领域均可实现世界一流,因而需要在公司从事的多种业务中进行选择,而诺基亚在电子行业,尤其是手机业务领域具备达到世界一流的实力。这一时期公司管理层一直坚持围绕自身产品特色来开展经营活动,2007 年以前诺基亚一直占据手机市场龙头地位,使得管理层相信其战略选择的正确性。从战略事件

表 9-4 诺基亚战略行为、战略动态与公司绩效

	S_1（1998.01—2009.09）	S_2（2009.10—2013.04）	S_3（2013.05—2017.12）
战略行为	战略事件类型：以并购、产业投资、合作联盟为主，这三类事件占比达 83% 战略行为特点：公司专注基于自身 Symbian 平台的功能手机业务，战略选择较为专一化，但对市场环境变化缺少即时应对	战略事件类型：并购、产业投资、合作联盟类事件明显减少，而业务重组及组织重组类事件增加 战略行为特点：公司开始基于市场环境变化做出反应，尝试不同的应对方向，但没有明确目标	战略事件类型：合作联盟、组织重组类事件最多，其他事件分布较为平均 战略行为特点：管理人员迭代频繁，战略活动由业务部门层面进行
战略态势	稳定性	随机性	自组织性
公司绩效	经营绩效：处于三个阶段中的最高水平 竞争优势：竞争优势综合得分 15 分，较强 创新绩效：整体创新绩效较强	经营绩效：处于三个阶段中的较低水平 竞争优势：竞争优势综合得分 11 分，弱于第一阶段 创新绩效：整体创新绩效较弱	经营绩效：处于三个阶段中的最低水平 竞争优势：竞争优势综合得分 9 分，较弱 创新绩效：整体创新绩效为三阶段中最弱

上看，诺基亚这一时期的战略事件以并购、产业投资、合作联盟为主，这三类事件所占比重达 83%，而公司战略事件发生的对象也主要来自其基于Symbian 平台的功能手机业务领域，如"诺基亚收购 Psion 公司所持有的价值约为 1.357 亿英镑（约 2.522 亿美元）的 Symbian 公司 31.1%的股权，收购完成后诺基亚在 Symbian 公司的股权比重达到 63.3%（2004 年 2 月）""中国普天公司与诺基亚签署合资公司合同，共同研发、生产 3G 手机及移动通信产品与解决方案（2005 年 10 月）"等。诺基亚这一时期的专一化战略使得公司呈现出了稳定性的战略态势，而这种稳定性的战略态势又为公司在手机业务领域带来了竞争优势，这一时期公司竞争优势处在三个阶段中的最强水平，而公司盈利水平及资本运用效率均为三阶段中最高，且公司技术创新的投入及产出均处于较高水平。

　　然而,2007 年整个行业巨变的发生,对于诺基亚产生了重要的冲击,苹果公司的电容触摸屏以及桌面的手机系统方面的巨大革新颠覆了整个行业格局。此时诺基亚管理层仍然坚持其原有的策略,并未对产品线进行优化布局。在诺基亚尚未做出反应之时,2008 年整个竞争又重新洗牌,谷歌发布了第一款安卓手机,自此一场智能手机两个最著名的操作系统之间的战役打响。诺基亚在第一阶段管理层对公司具有较强的控制力,这种控制力使得公司在发展战略上具有较强的专一性,公司在前期占据了市场龙头地位;但是这种控制力另一方面使得公司面对市场环境变化反应迟缓,错失了转型发展的机遇,从而为公司后来的危机埋下了隐患。

　　第二阶段(2009 年 10 月—2013 年 4 月)诺基亚呈现出随机性的战略态势,这一时期公司已经意识到市场环境的巨大变化,公司开始基于市场环境变化做出反应,尝试不同的应对方向,包括自行研发新一代 Meego 操作系统、与谷歌谈判、继续在其 Symbian 平台基础上进行局部创新等,但公司在这一阶段没有形成明确目标,管理层并未能做出改变公司长期战略选择的有效决策。从战略事件上来看,诺基亚这一阶段并购、产业投资、合作联盟类事件明显减少,而业务重组及组织重组类事件增加,战略事件所涉及领域众多,说明诺基亚这一时期为应对市场巨变,开始往不同方向寻找解决方案,如"诺基亚宣布重组手机业务,并将原业务部分拆为智能手机、移动电话和解决方案三大部门(2010 年 5 月)""诺基亚与微软宣布建立广泛的战略伙伴关系,诺基亚手机将采用微软 Windows Phone 7 系统(2011 年 2 月)""诺基亚和埃森哲公司签署战略合作协议,诺基亚将其 Symbian 操作系统研发外包给埃森哲,并转移大约 3000 名员工(2011 年 4 月)"等。诺基亚在这一阶段的战略活动特点体现了公司缺乏明确的战略目标,而由于其在手机端的市场份额开始被苹果和三星超越,公司在这一阶段竞争优势弱于第一阶段。从经营绩效来看,诺基亚这一阶段开始出现业绩大幅下滑,甚至发生巨额亏损,而公司这一阶段的研发投入实现产出的能力较差,公司整体创新绩效较弱。

　　第三阶段(2013 年 5 月—2017 年 12 月)诺基亚呈现出自组织的战略态势。在经历 2007 年及 2008 年市场环境的重大变化后,诺基亚在 2009 年—

2013 年做出的调整未能带领公司走出困境,而随着苹果及其他竞争对手的市场份额进一步扩大,诺基亚经营业绩逐步萎缩,管理层已无法对公司现状做出改变。诺基亚这一时期将手机业务出售给微软,其 CEO 同时赴微软任职。这一时期诺基亚频繁进行组织重组类事件,管理层迭代频繁,并且数次发生裁员事件。此时诺基亚高层已无法控制公司的前进方向,公司战略事件多为业务部门层面进行,小型战略事件频次这一阶段明显增多,发生一系列业务重组类事件。出售手机业务后的诺基亚近乎完全丧失了其擅长领域下的竞争优势,公司经营绩效、创新绩效均处于三个阶段中的最低水平。

9.2.4　阿尔卡特各阶段战略行为分析

表 9 - 5 总结了阿尔卡特各阶段战略行为、战略动态与公司绩效。

表 9 - 5　阿尔卡特战略行为、战略动态与公司绩效

	S_1(1998.01—2005.12)	S_2(2006.01—2016.02)
战略行为	战略事件类型:以并购和业务重组为主 战略行为特点:有较为明确的战略目标,战略事件主要围绕其通信网络及设备业务展开	战略事件类型:以并购和业务重组为主 战略行为特点:战略事件未体现出明确的战略目标及方向,大多为扭转亏损局面被动发生
战略态势	稳定性	自组织性
公司绩效	经营绩效:除个别年份外,盈利水平及资本运用效率整体呈现上升 竞争优势:竞争优势综合得分 14 分,较强 创新绩效:整体创新绩效相对较强	经营绩效:公司开始出现连年亏损局面 竞争优势:竞争优势综合得分 9 分,较弱 创新绩效:整体创新绩效较弱

第一阶段(1998 年 1 月—2005 年 12 月)阿尔卡特主要专注于通信网络及设备业务。这一时期正是阿尔卡特母公司法国通用电气公司更名为阿尔卡特,阿尔卡特开始作为一个独立公司运行,股权集中执行效率高,且这一时期公司管理层较为稳定,有较为明确的战略目标,致力于在通信网络及设

备行业取得领导者地位。从战略事件上看,这一阶段公司战略事件以并购和业务重组为主,公司在通信网络及设备业务范围内进行了较多的并购重组活动,并入很多产业链范围内的成长企业,并出售其电缆制造等盈利能力偏弱的业务,如"阿尔卡特收购丹麦电信运营商 Tele Denmark Merione (2000 年 10 月)""阿尔卡特将位于加拿大拉瓦尔的手机业务单元出售给新加坡伟创力公司(2001 年 7 月)"。可以说第一阶段阿尔卡特公司目标明确,反映了公司管理层很好地控制了公司前进的方向。第一阶段除个别年份外,阿尔卡特盈利水平及资本运用效率整体呈现上升趋势,而公司在移动通信及网络领域也已展现出其竞争优势,并具有良好的创新绩效。

第二阶段(2006 年 1 月—2016 年 2 月)随着阿尔卡特和朗讯的合并,新成立的公司并未能发挥出协同效应,原阿尔卡特及原朗讯股东在战略目标、经营计划、利益分配等方面出现诸多矛盾,导致新公司无法形成一个有效的组织结构,管理层无法做出基于整体利益最大化的有效决策。阿尔卡特与朗讯合并后公司即开始陷入连年亏损的局面,这一时期的阿尔卡特—朗讯管理层更多被公司内部矛盾所困,并未能形成更多有效决策来解决合并后的新公司遇到的困境,管理层对公司的控制力明显偏弱。面对连年亏损的局面虽然管理层在一定程度上努力腾挪,但是仍然无法扭转阿尔卡特的经营状况,在一系列小的战略活动之后迎来了阿尔卡特最大的战略活动——被诺基亚收购。从战略事件来看,这一时期阿尔卡特的战略事件尽管仍以并购及业务重组为主,但是其战略事件明显缺少方向性,更多的是为了扭转其业绩亏损的局面被动发生。第二阶段阿尔卡特的经营绩效、竞争优势与创新绩效均明显弱于第一阶段,公司管理层未能有效地带领公司走出困境。

9.3 公司战略行为、战略动态与公司绩效的关系总结

根据第六、七、八章的讨论,可以发现公司在不同类型的战略态势下往往有不同的绩效表现(经营绩效、竞争优势、创新绩效),而本章则分别对四家公司战略行为、战略动态与公司绩效的关系展开了分析。基于此,对所研究的四家公司,表 9 - 6 总结了公司战略行为、战略动态与公司绩效的关系。

表 9 - 6　　战略行为、战略动态与公司绩效

战略态势	稳定性	随机性	自组织性
战略行为	公司战略事件集中在某一业务领域。有明确的战略目标及确定的发展方向,经营范围较为集中	战略事件未集中在某一业务领域。往不同阶段扩展业务范围,进行尝试与探索	战略事件多以事业部/分支机构层面进行,集团管理层对公司控制力较弱;公司内部存在矛盾,缺乏集团层面统一协调机制
公司绩效	经营绩效、竞争优势、创新绩效均为最强	经营绩效、竞争优势、创新绩效强于自组织态,弱于稳定态	经营绩效、竞争优势、创新绩效均为最弱

中兴通讯、苹果公司、诺基亚、阿尔卡特均在公司发展过程中的某一阶段呈现出稳定的战略态势,四家公司在稳定性的战略态势下,其共同特征是公司往往具有较为明确的战略目标及确定的发展方向,公司经营较为稳定:中兴通讯 2005—2012 年战略事件主要与通信网络设备业务领域有关,并以此作为公司发展的战略重心,并围绕这一业务加强海外布局,同时剥离盈利能力较差、前景不明朗的业务;苹果公司 20 年来均呈现出稳定性的战略态势,且其业务活动一直集中于消费电子领域;诺基亚 1998 年 1 月—2009 年 4 月呈现出稳定性战略态势,这一时期诺基亚主要聚焦于 Symbian 平台功能手机业务;阿尔卡特 1998 年 1 月—2005 年 12 月呈现出稳定性的战略态势,并一直处于通信网络与设备行业,同时出售了其电缆制造等盈利能力偏弱的业务。四家公司在稳定性态势下盈利水平往往呈现出增长趋势,运用自有资本的效率也较高。由于公司在这一阶段有自身专注的领域,并积极围绕这一领域进行相关产业链投资并购活动,使得公司在这一领域能够不断发展壮大,并且在行业内取得一定的竞争优势。在稳定性的战略态势下,公司管理层对公司有较强的控制力,使得公司在这一阶段有较强的成本控制能力,公司注重创新活动的效率,重点在能够给公司带来竞争优势的领域加强研发投入,使得公司研发投入的规模与销售额的比例处于较为稳定状态,而实现产出、创造利润的能力较强,公司具有较好的创新绩效。

中兴通讯、诺基亚均在公司发展过程中的某一阶段呈现出随机性的战

略态势,两家公司在随机性的战略态势下,其共同特征是公司往往没有较为明确的战略目标及确定的发展方向,公司同时向不同领域扩展业务范围,公司经营呈现出多元化特点:中兴通讯 1999 年 1 月—2005 年 1 月为随机性态势,公司处于探索和扩张时期,投资及合作涉及领域较为广泛,以求寻找新的利润增长点;诺基亚于 2009 年 10 月—2013 年 4 月呈现出随机性的态势,这一时期公司尝试多种不同的发展方向应对苹果公司崛起所带来的挑战,但是没有明确的战略目标。由于公司这一阶段未能找到稳定的盈利来源,公司所开拓的新业务尚不确定能否实现盈利,使得公司这一阶段经营绩效往往呈现出一定程度的波动,运用自有资本的效率并不强,这种多元化的特点也导致了公司未能在某一领域取得竞争优势。而在随机性的战略态势下,公司往不同方向进行业务拓展,其拓展手段可能是通过内部创新,亦可能是通过外部投资并购的方式进行,所以公司创新投入无明显规律,而由于新业务带来即时回报的比率不高,所以公司通过内部研发所进行的业务扩展往往产出的能力不强。

中兴通讯、诺基亚、阿尔卡特均在公司发展过程中的某一阶段呈现出自组织的战略态势,三家公司在自组织的战略态势下,其共同特征为公司缺乏整个集团层面的有效决策,或者缺乏集团层面统一利益协调机制,公司出现较多的内部矛盾,导致公司无法实现统一的战略目标,管理层对公司失去控制力:中兴通讯 2012 年 8 月—2017 年 12 月呈现出自组织的战略态势,这一时期中兴通讯成立终端事业部并独立运营,战略事件多以事业部的层面进行;诺基亚 2013 年 5 月—2017 年 12 月呈现出自组织态势,这一时期随着诺基亚手机业务出售,其战略事件多为业务部门层面进行,小型战略事件频次这一阶段明显增多。在自组织态势下,公司经营绩效出现大幅波动,甚至出现连年亏损的情况,并且失去了在其擅长领域中的竞争优势。而在自组织的战略态势下,公司决策往往在业务部门(事业部)的层面进行,缺乏集团层面的统一领导,导致了公司成本控制能力较差,公司研发投入及其占收入的比重迅速上升,而这种大规模的研发投入并不能实现有效产出,反而成为公司业绩亏损的一大来源。在自组织状态下,公司的创新绩效较差。

基于此,我们可以得到战略行为、战略动态与公司绩效的关系,如图

9-1 所示。

| 有明确的战略目标及发展方向，经营范围较为集中 | → | 稳定性态势 | → | 良好的公司绩效 |

| 没有明确的战略目标及发展方向，往不同方向扩展经营范围 | → | 随机性态势 | → | 公司绩效强于自组织态，弱于稳定态 |

| 公司缺乏整个集团层面的有效决策，或缺乏统一利益协调机制 | → | 自组织态势 | → | 公司绩效最差 |

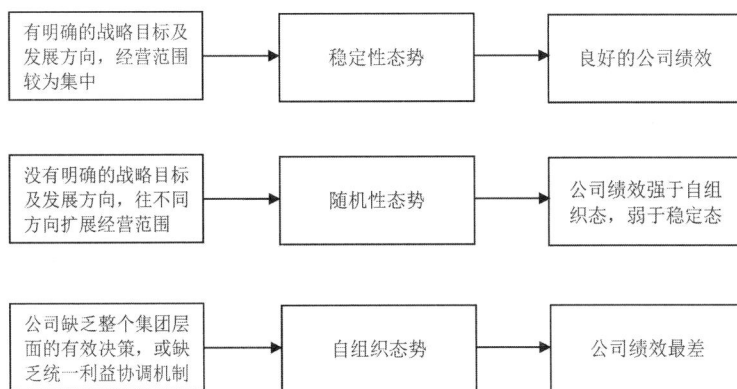

图 9-1　战略行为、战略动态与公司绩效的关系

第 10 章　结论与研究贡献

本章根据第 6、7、8、9 章的研究结果,得出了这项学术研究的主要结论和研究贡献;指出了研究的局限和有待进一步研究的问题。

10.1　结论

我们以战略事件的发生频次为依据,对中兴通讯、苹果公司、诺基亚、阿尔卡特的战略演进进行 ARMA 模型拟合并进行残差分析,结果表明公司 20 年来的发展呈现出不同类型的战略动态变化规律。而在战略动态变化的过程中,公司往往会呈现出随机性、稳定性、自组织性等不同类型的战略态势。基于以上讨论,可以得出以下结论:

(1)战略事件构成的时间序列可以刻画出公司的战略演进过程,在这一过程中会出现随机性、稳定性、自组织性等不同战略态势。

(2)自组织的战略态势表现战略活动具有明显的路径依赖性,战略活动间的关联性较强,且常表现出一连串小型战略事件后跟随重大战略事件的结构特征。

公司呈现出不同类型的战略态势往往由不同的战略行为所决定,且战略态势的变化往往会受到重大内外部事件的影响。第五章对这一作用机制进行了讨论,得出结论如下:

(3)当公司战略事件集中在某一业务领域,有明确的战略目标及确定的发展方向,经营范围较为集中时,公司呈现出稳定性的战略态势。

(4)当公司战略事件未集中在某一业务领域,公司没有明确的战略重心及确定的发展方向,而是往不同方向扩展业务范围时,公司呈现出随机性的战略态势。

（5）当公司经营决策大多在业务部门（事业部）层面进行，缺乏整个集团层面的有效决策；或公司内部存在矛盾，缺乏集团层面统一协调机制时，公司管理层对公司失去控制力，公司呈现出自组织的战略态势。

（6）重大内外部事件为导致公司战略态势变化的直接影响因素。

我们在第 6、7、8 章讨论了战略动态与公司绩效的关系，并结合公司战略行为的特点，建立了战略行为、战略动态与公司绩效的关系模型。基于第 6、7、8 章的讨论，得出以下结论：

（7）当公司呈现出稳定性的战略态势时，由于公司具有较为明确的战略目标及确定的发展方向，经营较为稳定，因而公司具有良好的经营绩效，并在其擅长领域实现竞争优势，且创新活动实现产出、创造利润的能力较强。

（8）当公司呈现出随机性的战略态势时，由于公司同时向不同领域扩展业务范围，缺少明确的战略重心，使得公司这一阶段未能找到稳定的盈利来源，经营绩效出现波动，未能在某一领域实现其竞争优势，且创新活动实现产出、创造利润的能力较弱。

（9）当公司呈现出自组织的战略态势时，由于公司缺乏整个集团层面的有效决策及统一利益协调机制，使得公司存在较多内部矛盾，导致公司缺少统一的战略目标，使得自组织状态下公司盈利能力很弱，失去了特定领域的竞争优势，且研发创新活动无法实现有效产出。

我们将中兴通讯与其他三家国外上市公司进行对比，研究发现苹果公司 20 年来均呈现出稳定性的战略态势，公司具有明确的战略目标和相对集中的经营范围，公司具有较好的经营绩效、较强的竞争优势与创新绩效，苹果公司的案例对于 IT 行业的战略管理具有一定的借鉴意义。对于中兴通讯来说，为了应对 2018 年以来"贸易战"加剧等国际形势的新变化，其关键在于如何建立起相对其他竞争对手而言的竞争优势，形成自身核心竞争力。而苹果公司长期围绕消费电子业务进行并购、产业投资、合作联盟活动，其战略事件多与公司关键性新应用、产品与服务有着直接关系，从而有益于苹果核心业务的发展，由此建立起公司的竞争优势。苹果公司战略活动的这一特点对中国 IT 行业企业的发展具备一定的借鉴意义,即公司若将其战略活动都集中在主营业务领域展开,找到自身在产品或技术等方面所擅长的领域,并不断围绕这一领域进行资本扩张,则公司更有可能在其所专注的这一业务领域构建起自身的竞争优势,获得更好的公司绩效。中国企业只有在某一业务领域形成了竞争优势与竞争地位,才能减少对其他国家技术的依赖,最大限度地克服外部环境变化对自身的影响。

10.2   研究贡献

我们扩展了传统的对公司战略动态的研究,发展了 Raymond-Alain 的战略动态研究方法,一方面将战略动态与公司经营绩效联系起来,详细讨论了不同的战略态势与公司绩效的关系;另一方面将公司战略动态与战略行为联系起来,深入讨论了某种特定的战略态势背后的原因。我们通过对公司战略行为、战略动态与公司绩效的讨论,构建了战略行为、战略动态与公司绩效的关系模型,揭示了公司不同战略行为通过影响公司战略态势,最终影响公司绩效的作用路径。此外,我们将 Raymond-Alain 的研究扩展到多个案例,从而发现战略动态与公司绩效间关系的共性。

在实际的企业管理中,企业可以依据我们采用的数学方法对公司战略动态进行定量研究,这种定量分析方法可以揭示企业的运行状态,并结合该阶段的公司绩效以及公司的战略行为,找到影响公司绩效的可能原因,发现企业战略行为选择过程中出现的可能问题,并由此对企业战略行为进行调整,最终达到改善公司绩效的目的。我们将中兴通讯与其他三家国外上市公司进行对比,最终发现苹果公司专注的战略行为及稳定性的战略态势使得公司在消费电子领域建立起了竞争优势,这一点对中国企业具有极为重要的借鉴意义,即为了克服"贸易战"加剧等一系列外部事件的不利影响,中国 IT 行业企业可以通过相对集中的战略活动来帮助自身获得某一领域的竞争优势,从而克服对国外关键技术的依赖,有助于自身长远的发展。

10.3　局限性及后续研究工作

首先,我们将竞争优势作为一个重要的结果变量进行研究,并将竞争优势定义为企业在公平竞争的市场环境下,企业能够以更低的成本为消费者带来更有价值的产品或服务,能够在行业内超越其竞争对手,并获得超额利润的能力。我们的研究使用产品性能、产品成本、生产效率、市场份额和新产品开发五个指标来分析企业的竞争优势,考察的是企业在特定时间段内相对于其他竞争对手而言的竞争优势,但是我们并未分析如何持续保持较之竞争对手而言的比较优势。后续研究将以企业的持续竞争优势为研究重点,探究企业长时间维持高于其所在产业平均水平的能力,并结合现有研究,对四家公司的持续竞争优势进行度量。

其次,我们讨论了重大内外部事件对公司战略动态的影响,说明了重大内外部事件为导致公司战略态势变化的直接影响因素,但未对重大内外部事件具体怎么作用于公司战略动态这一问题进行深入讨论。后续研究将结合重点关注重大内外部事件类型对公司战略动态的影响方向,进一步探究影响公司战略态势发生变化的因素。

参考文献

[1] Thietart R. Strategy dynamics: Agency, path dependency, and self-organized emergence[J].Strategic Management Journal, 2016, 37(4): 774 - 792.

[2] Chandler, A.D. Jr. Strategy and Structure: Chapters in the History of the American Industrial Enterprise, MA[M]. MIT Press, 1962.

[3] Ansoff, H.I. Corporate Strategy: An Analytic Approach to Business Policy for Growth and Expansion, New York[M]. McGaw-Hill, 1965.

[4] Ansoff, H.I. Strategic Management. New York[M]. John Wiley & Sons, 1979.

[5] Andrews, K.R. The Concept of Corporate Strategy. Homewood, IL [M]. Dow Jones-Irwin, 1971.

[6] Porter, M.E. Competitive Strategy, New York[M]. Free Press, 1980.

[7] Prahalad, C.K., Hamel, G. the Core Competence of the Corporation [J]. Harvard Business Review, 2010, 68(3):275 - 292.

[8] Collis, D.J., Montgomery, C.A. Competing on resource strategy in the 1990s[J]. Harvard Business Review, 1995, 73(4):118 - 128.

[9] Aspara, J., Lamberg, J.A., Laukia, A, et al. Strategic Management of Business Model Transformation: Lessons From Nokia [J]. Management Decision, 2011, 49(4):622 - 647.

[10] 黄速建，王钦.战略演进、能力提升与文化协同——尖峰集团可持续成长的分析[J].中国工业经济，2007(11):112 - 120.

[11] 胡海波，黄涛.企业成长中的战略转型演化模型:瑞原案例解析[J].科技进步与对策，2016，33(18):100－106.

[12] 李烨，屈甜莉，余洁瑾，等.我国市场化进程中的大型煤炭企业战略演进路径——基于东中西部代表性企业比较分析[J].煤炭经济研究，2016，36(1):15－20.

[13] 陶勇.联想与华为不同战略选择的启示[J].企业管理，2017(7):68－71.

[14] Mackay，R. B.，Chia，R. Choice，chance，and unintended consequences in strategic change:a process understanding of the rise and fall of northco automotive[J]. Academy of Management Journal，2013，56(1):208－230.

[15] 何莉薇.企业战略演化的影响因素研究[D].杭州:浙江大学，2014.

[16] 李希，郑惠莉.企业战略演化中的组织惯性:以中国移动为例[J].通信企业管理，2016(3):68－71.

[17] Kodama，M.，Shibata，T. Strategy transformation through strategic innovation capability—a case study of Fanuc[J]. R & D Management，2014，44(1):75－103.

[18] 厉伟.企业战略演化内在机制与风险控制研究[J].中国软科学，2010(8):148－153.

[19] Toma，P. D. Strategic dynamics and corporate governance effectiveness in a family firm[J]. Corporate Ownership & Control，2012，10(1):34－43.

[20] Figueiredo，J.M.D.，Silverman，B.S. Churn，baby，churn:strategic dynamics among dominant and fringe firms in a segmented industry[J]. Management Science，2007，53(4):632－650.

[21] Filatotchev，I.，Toms，S.，Wright，M. The firm's strategic dynamics and corporate governance life-cycle[J]. International Journal of Managerial Finance，2009，2(4):256－279.

[22] Menon，A.R.，Yao，D.A. Elevating Repositioning Costs:Strategy

Dynamics and Competitive Interactions[J]. Strategic Management Journal，2017，38(10):1953－1963.

[23] Teece，D.，Pisano，G. The Dynamic Capabilities of Firms: an Introduction[J]. Industrial & Corporate Change，1994，3(3):537－556.

[24] Wilden，R.，Gudergan，S.P.，Bo，B.N.，et al. Dynamic Capabilities and Performance: Strategy, Structure and Environment[J]. Long Range Planning，2013，46(1－2):72－96.

[25] Monferrer，D.，Blesa，A.，Ripollés，María. Born globals trough knowledge-based dynamic capabilities and network market orientation[J]. BRQ Business Research Quarterly，2015，18(1):18－36.

[26] Wu，H.，Chen，J.，Jiao，H. Dynamic capabilities as a mediator linking international diversification and innovation performance of firms in an emerging economy[J]. Journal of Business Research，2016，69(8):2678－2686.

[27] Warren，K. The Dynamics of Strategy [J]. Business Strategy Review，2010，10(3):1－16.

[28] Davis，J.P.，Eisenhardt，K.M.，Bingham，C.B. Optimal Structure, Market Dynamism, and the Strategy of Simple Rules [J]. Administrative Science Quarterly，2009，54(3):413－452.

[29] 丁绒.自组织演化视角下的战略联盟企业间合作机制研究[D].广州:华南理工大学，2013.

[30] 姚正海.论企业经营业绩评价方法的演进与发展[J].当代财经，2005(02):123－125.

[31] Mcinnes，J. M. Financial Control Systems for Multinational Operations: An Empirical Investigation[J]. Journal of International Business Studies，1971，2(2):11－28.

[32] Bacidore，J.M.，Boquist，J.A.，Milbourn，T.T.，et al. The Search

for the Best Financial Performance Measure[J]. Financial Analysts Journal，1997，53(3):11 - 20.

[33] Ambrosini，V.，Bowman，C. What are dynamic capabilities and are they a useful construct in strategic management? [J]. International Journal of Management Reviews，2010，11(1):29 - 49.

[34] 马鸿佳，宋春华，葛宝山. 动态能力、即兴能力与竞争优势关系研究[J].外国经济与管理，2015(11):25 - 37.

[35] 舒燕，朱海珊，邱鸿钟.技术创新对竞争优势的影响轨迹呈倒 U 型曲线吗——基于中药上市公司申请专利数据的经验研究[J].贵州财经大学学报，2014(02):91 - 96.

[36] Porter，M. E. Competitive Advantage，New York[M]. Free Press，1985.

[37] Peteraf，M. A. The cornerstones of competitive advantage：A resource-based view[J]. Strategic Management Journal，1993，14(3):179 - 191.

[38] 王晓娟. 知识网络与集群企业竞争优势研究[D].杭州:浙江大学，2007.

[39] 麦影. 企业社会责任对竞争优势影响的实证研究[D].广州:暨南大学，2010.

[40] 董保宝,葛宝山,王侃. 资源整合过程、动态能力与竞争优势:机理与路径[J].管理世界，2011,(03):92 - 101.

[41] 陈占夺,齐丽云,牟莉莉.价值网络视角的复杂产品系统企业竞争优势研究——一个双案例的探索性研究[J].管理世界，2013(10):156 - 169.

[42] 马鸿佳,董保宝,葛宝山.创业能力、动态能力与企业竞争优势的关系研究[J].科学学研究，2014,32(03):431 - 440.

[43] Schilke，O. On the contingent value of dynamic capabilities for competitive advantage：The nonlinear moderating effect of environmental dynamism[J]. Strategic Management Journal，2014,

35(2):25.

[44] Chih-Hsing，L.，Jeou-Shyan，H.，Sheng-Fang，C.，et al. How to create competitive advantage：the moderate role of organizational learning as a link between shared value，dynamic capability，differential strategy，and social capital[J]. Asia Pacific Journal of Tourism Research，2018,23(8):747 - 764.

[45] 张伊影.CTO 持股、职务晋升与企业创新绩效[D].北京:首都经济贸易大学，2018.

[46] Tierney，P.A.，Farmer，S.M. Creative Self-Efficacy：Its Potential Antecedents and Relationship to Creative Performance[J]. The Academy of Management Journal，2002，45(6):1137 - 1148.

[47] Hagedoorn，J.，Cloodt，M. Measuring innovative performance：Is there an advantage in using multiple indicators? [J]. Research Policy，2003，32(8):1365 - 1379.

[48] Tsai，W. Knowledge Transfer in Intraorganizational Networks ：Effects of Network Position and Absorptive Capacity on Business Unit Innovation and Performance[J]. Academy of Management Journal，2001，44(5):996 - 1004.

[49] 温军,冯根福.异质机构、企业性质与自主创新[J].经济研究，2012,47(03):53 - 64.

[50] 王素莲,赵弈超. R&D 投资、企业家冒险倾向与企业创新绩效——基于不同产权性质上市公司的实证研究[J].经济与管理，2018,32(06):45 -50.

[51] 白俊红,蒋伏心.协同创新、空间关联与区域创新绩效[J].经济研究，2015,50(07):174 - 187.

[52] 朱有为,徐康宁.中国高技术产业研发效率的实证研究[J].中国工业经济，2006(11):38 - 45.

[53] Pellegrino，G.，Piva，M.，Vivarelli，M. Young firms and innovation：a microeconometric analysis [J]. Structural Change & Economic

Dynamics，2012，23(4):329 – 340.

[54] 付敬,朱桂龙.知识源化战略、吸收能力对企业创新绩效产出的影响研究[J].科研管理，2014,35(03):25 – 34.

[55] 高辉.中国情境下的制度环境与企业创新绩效关系研究[D].长春:吉林大学，2017.

[56] Wang，C.L.，Ahmed，P.K. The development and validation of the organisational innovativeness construct using confirmatory factor analysis[J]. European Journal of Innovation Management，2004，7 (4):303 – 313.

[57] 郭爱芳.企业 STI/DUI 学习与技术创新绩效关系研究[D].杭州:浙江大学,2010.

[58] 张海洋,史晋川.中国省际工业新产品技术效率研究[J].经济研究，2011,46(01):83 – 96.

[59] 易靖韬,张修平,王化成.企业异质性、高管过度自信与企业创新绩效[J].南开管理评论，2015,18(06):101 – 112.

[60] Bai，J.，Perron，P. Estimating and Testing Linear Models with Multiple Structural Changes[J]. Econometrica，1998，66(1):47 – 78.

[61] Clauset，A.，Shalizi，C. R.，Newman，M. E. J. Power-Law Distributions in Empirical Data[J]. Siam Review，2009，51(4):661 – 703.

[62] Chen，Dezhi，Wei，William，Hu，Daiping. Survival strategy of OEM companies: a case study of the Chinese toy industry [J]. International Journal of Operations & Production Management，2016,Vol.36，No.9，pp.1065 – 1088.

[63] Chen，Dezhi，Li-Hua，Richard. Models of technological leapfrogging: Five case studies from China [J]. Journal of Engineering and Technology Management，2011,Vol.28,No.1 – 2，pp.93 – 108.

[64] Fang，EA(Fang，Edward Aihua)，Wu，QZ (Wu，Qizhi)，Chen，

DZ（Chen，Dezhi）. The impact of new product & operations technological practices on organization structure［J］. International Journal of Production Economics，2013，Vol.145，No.2，pp.733－742.

［65］Dezhi Chen，Ningning You，and Feng Lv. Study on Sharing Characteristics and Sustainable Development Performance：Mediating Role of the Ecosystem Strategy［J］. Sustainability，2019，Volume 11，Issue 23，6847.pp.1－20.

［66］Wei，William X.，Chen，Dezhi，Hu，Daiping. Study on the Evolvement of Technology Development and Energy EfficiencyA Case Study of the Past 30 Years of Development in Shanghai［J］. Sustainability，2016，Vol.8，No.5，457，pp.1－21.

［67］陈德智.技术跨越［M］.上海：上海交通大学出版社，2006.

［68］陈德智.创业管理(第二版)［M］.北京：清华大学出版社，2007.

［69］陈德智.战略管理精品案例［M］.上海：上海交通大学出版社，2011.

索　引